西南民族特色村寨保护理论与方法丛书

布依族特色村寨文化空间识别与传承
——贵州省贵阳市镇山村实录

赵玉奇　余压芳　著

中国建筑工业出版社

图书在版编目（CIP）数据

布依族特色村寨文化空间识别与传承：贵州省贵
阳市镇山村实录 / 赵玉奇，余压芳著. —北京：中国建
筑工业出版社，2023.3
（西南民族特色村寨保护理论与方法丛书）
ISBN 978-7-112-28439-9

Ⅰ. ①布… Ⅱ. ①赵… ②余… Ⅲ. ①布依族—村落
文化—保护—研究—贵阳 Ⅳ. ①K286.8

中国国家版本馆CIP数据核字（2023）第038722号

基金项目：
1. 国家自然科学基金项目"基于文化空间识别的侗族村寨世界遗产价值量化评估与阐释研
究"（批准号：52168011）；
2. 国家自然科学基金项目"基于大数据平台和文化基因视角的贵州传统村落保护与发展关
键技术研究"（批准号：51568011）；
3. 国家自然科学基金项目"西南屯堡聚落空间基因图谱及其传播的时空特征研究"（批准
号：52068006）

责任编辑：唐　旭　吴　绫
文字编辑：孙　硕　李东禧
版式设计：锋尚设计
责任校对：王　烨

西南民族特色村寨保护理论与方法丛书

布依族特色村寨文化空间识别与传承——贵州省贵阳市镇山村实录

赵玉奇　余压芳　著

*

中国建筑工业出版社出版、发行（北京海淀三里河路9号）
各地新华书店、建筑书店经销
北京锋尚制版有限公司制版
北京中科印刷有限公司印刷

*

开本：787毫米×1092毫米　1/16　印张：10½　字数：210千字
2023年3月第一版　　2023年3月第一次印刷
定价：50.00元
ISBN 978-7-112-28439-9
（40906）

总　序

民族特色村寨是指少数民族比较聚集且比重较高，民族文化特点及聚落特色比较突出，集中反映了民族聚落在各个时代、各种地区、各个文化类别中产生与发展的历史过程，比较完好地保存着不同族群的民族文明基因的自然村或行政村，同时又是弘扬民族文明的有效载体以及少数民族区域经济加快发展的主要资源。

本套丛书中西南地区特指我国的贵州省、云南省、四川省、重庆市、广西壮族自治区、西藏自治区等6个省、直辖市和自治区。保护发展传统村落和民族特色村寨是我国新时期的重要举措，截至2020年2月，住房和城乡建设部等七部委共同发布了五批中国传统村落名单共6819个，国家民委等共同发布了三批中国民族特色村寨名单共1652个，约占全国行政村总数的1%。西南地区是入选全国的民族村寨、中国传统村落数量最多的地区，分别占全国总量的53%和32%，中国西南地区的民族村寨所拥有的科技价值、美学价值、社会价值和生态价值在我国快速城市化发展阶段越来越凸显，然而，受这些村寨所处的地理区位和历史原因的影响，村寨本身在保护发展的过程中也长期面临着文化保护与产业发展的矛盾、基础设施滞后、防灾减灾能力弱等问题。面对新技术的发展、城市化的进程、人口输出地区的观念变革等发展趋势，民族特色村寨原有的自给自足的经济模式、自组织管理模式、自补偿生态模式都在被打破，如何在新技术适应和新观念发展过程中，对民族特色村寨进行科学保护和发展引领，是本丛书研究、编写和出版的初始动因。

贵州大学城乡与建筑遗产保护研究中心依托长期以来对西南民族特色村寨的课题研究积累，会同四川大学、桂林理工学院、云南省城乡规划设计研究院等单位的研究学者，对近年来的国家自然科学基金课题和省部级攻关等开展的相关研究工作成果进行系统整理，形成了"西南民族特色村寨保护理论与方法丛书"。丛书针对当前西南民族特色村寨存在的突出问题，系统地提出了西南民族特色村寨的文化内涵挖掘、聚落空间演变、火灾防控新技术等关键思路，结合已经开展的在贵州、云南、四川、广西等地开展的案例分析和经验总结，为西南地区民族特色村寨保护提供可借鉴、可实施的理论和方法。

"西南民族特色村寨保护理论与方法丛书"主要包括以下内容：

系列丛书分册一《西南民族特色村寨文化空间识别技术与应用》是对西南民族特色村寨文化空间识别技术与方法的探索，强调精准、快速、实操的文化空间识别技术方法，结合规划编制实践开展的识别实例和应用实例，解析西南民族特色村寨文化空间单元认定、文化空间时空属性甄别、文化空间单元解析的技术原理和操作程序，提出文化空间识别成果的应用拓展方向。

系列丛书分册二的《贵州传统村落文化基因表征与解析》重点着眼于我国传统村落数量最大的贵州省地区，以在文化表达之下文化基因的发现过程和相互作用的最底层规律为切入点，通过发现并筛选传统村落中的重要人文感知要素，找到在文化表达背后所发生最基本意义的层级单元——村落文化基因的发现、测定、重组、重现等，提出基于基因分析的传统文化健康侦测、传统文化基因反馈与修复等关键技术。

系列丛书分册三《西南民族特色村寨火灾防控技术与应用》针对西南地区民族特色村寨火灾易发频发的现状，研究山区复杂地形、高密度建筑分布、木质建筑连片等限制因素影响下的火灾形成与演化机理，形成以韧性提升导向的民族特色村寨火灾防控及性能化提升技术，并探索基于互联网与人工智能的民族特色村寨火灾快速识别与瞬间响应等前沿方向。

系列丛书分册四《白族特色村寨文化空间识别与传承——云南省剑川县寺登村实录》基于云南省特有的白族传统村落的空间分布和基本特征分析，以云南省剑川县寺登村实证研究为基础，采用本丛书分册一提出的传统村落文化空间识别技术，对寺登村的文化空间开展识别、提取、分类、解析，继而探讨文化空间识别结果在寺登村民族特色村寨的保护发展中的应用方向。

系列丛书分册五《布依族特色村寨文化空间识别与传承——贵州省贵阳市镇山村实录》基于贵州省特有的布依族传统村落的空间分布和基本特征分析，以贵州省贵阳市花溪区镇山村实证研究为基础，采用本丛书分册一提出的传统村落文化空间识别技术，对镇山村的文化空间开展识别、提取、分类、解析，探讨文化空间识别结果在镇山村民族特色村寨保护发展中的应用方向。

系列丛书分册六《苗族特色村寨文化空间识别与传承——贵州省雷山县格头村实录》基于贵州省特有的苗传统村落的空间分布和基本特征分析，以贵州省雷山县格头村实证研究为基础，采用本丛书分册一提出的传统村落文化空间识别技术，对格头村的文化空间开展识别、提取、分类、解析，探讨文化空间识别结果在格头村民族特色村寨的保护发展中的应用方向。

系列丛书分册七《藏族特色村寨文化空间识别与传承——四川省甘孜州莫洛村实录》基于四川省特有的藏族传统村落的空间分布和基本特征分析，以四川省甘孜州莫洛村实证研究为基础，采用本丛书分册一提出的传统村落文化空间识别技术，对莫洛村的文化空间开展识别、提取、分类、解析，继而探讨文化空间识别结果在莫洛村民族特色村寨的保护发展中的应用方向。

系列丛书分册八《壮族特色村寨文化空间识别与传承——广西壮族自治区桂林市龙脊古壮寨实录》基于广西特有的壮族传统村落的空间分布和基本特征分析，以广西桂林市龙脊古壮寨实证研究为基础，采用本丛书分册一提出的传统村落文化空间识别技术，对龙脊古壮寨的文化空间开展识别、提取、分类、解析，探讨文化空间识别结果在龙脊古壮寨民族特色村寨的保护发展中的应用方向。

系列丛书分册九《川西北传统聚落空间结构与形态》针对四川省西北地区分布的羌藏传统聚落，从区域层面对区域聚落景观格局和城乡空间结构层面进行分析，通过类型划分与定量评估相结合，强调国土空间规划背景下，建立多尺度、系统性的科学认知，对传统聚落和民族特色村寨空间结构、形态和风貌进行保护管控和科学引导。

系列丛书分册十《侗族鼓楼传统营建技艺解析与传承》基于鼓楼在布依族特色村寨中的文化空间价值意义与民族建筑技术的典型代表性，以鼓楼的整个建造过程为例，立足传统民族建筑营造技术的研究，运用了工匠口述史的方法，研究鼓楼的缘起、形式、构造、建造方式，系统解析鼓楼传统营建技艺和关键技术难点。

"西南民族特色村寨保护理论与方法丛书"编写过程中，始终坚持问题导向原则，尊重西南地区特殊的历史文化背景，聚焦文化保护与技术支撑的双线并重，考虑西南地区不同民族、不同文化背景各民族特色村寨个性差异，将前期研究成果汇集整理和归纳总结，对于研究民族特色村寨的研究人员具有一定的技术指导性，对于从事民族特色村寨和传统村落保护发展的政府和企事业工作人员，也有一定的实用参考价值。

本丛书历经五年的时间研究并整理出书，虽然经过了大量的调查研究和应用示范实践的检验，但是针对我国西南地区独特的民族特色村寨保护发展的现实与需求，还存在很多问题和不足，尚待未来的研究和实践工作中继续深化和提高，敬请读者批评指正。

余压芳

2020年1月

前　言

　　西南民族特色村寨是多民族乡愁和文化的空间载体，其中，布依族村寨是西南地区的特色村寨类型之一，95%的布依族人口居住在贵州省，大量聚族而居的布依族村寨空间布局与自然有机融合，布依族文化在村寨中鲜活传承，体现出布依山寨特征，也承载着大量的布依族特有的非物质文化遗产，村寨中包含着多姿多彩的布依族传统文化表现形式和文化空间。文化空间是非物质历史文化遗产的两大类型之一，又是支撑民族传统文化表现的主要载体，近年来，许多城乡规划学、建筑学、民俗学、人文地理学等学科的研究者对文化空间的研究关注越来越多，业界和学界对文化空间在传统乡土聚落中的重要作用已经达成基本共识，保护好文化空间就是保护好非物质文化遗产的活动载体。

　　本书作为"西南民族特色村寨保护理论与方法丛书"之一，是在《西南民族特色村寨文化空间识别技术与应用》的基础上，将如何认定文化空间、如何识别文化空间的研究方法进行深入探索，作者因循调查研究，深入调研剖析了近百个布依族村寨案例，通过系统梳理布依族传统村落文化空间的识别需求与方向，并以贵阳市花溪区镇山村为例，开展了布依族文化空间的技术识别和成果应用探索，结果表明，文化空间技术识别对于布依族特色村寨文化空间的价值判定、内涵挖掘、特征解析，具有明显的促进作用。

　　本书也是源于"基于大数据平台和文化基因视角的贵州传统村落保护与发展关键技术研究"等国家自然科学基金项目的研究，并在课题研究报告基础上编写而成，主要包括三个内容版块：西南地区布依族民族特色村寨分布及其文化空间特征、镇山村布依族特色村寨文化空间识别与解析、镇山村文化空间识别成果的应用方向探索。

　　本书是对西南布依族特色村寨文化空间识别与传承的研究探索，结合传统村落保护发展、生态博物馆标准化运行的识别实例和应用实例，通过系统梳理整合而成的一份创新研究成果。读者通过本书可以认识到西南布依族特色村寨文化空间的基本特征，较系统地了解以镇山村为代表的西南地区布依族特色村寨中文化空间的识别结果和传承方向，了解文化空间识别成果在中国传统村落示范村建设、生态博物馆建设、镇山艺术家村建设方面的应用方向和拓展可能。

目 录

第一章

西南地区布依族特色村寨分布及其文化空间特征

第一节 西南地区布依族民族特色村寨概况

一、西南地区的布依族人口及分布情况

中国的西南地区包括了贵州省、云南省、四川省、重庆市、广西壮族自治区和西藏自治区。布依族是中国西南地区人口数量较多的一支少数民族，民族语言为布依语，汉藏语系壮侗语族壮傣语支，与壮语有密切的亲属关系，通用汉文。布依族源于古"百越"，秦汉以前称"濮越"或"濮夷"，东汉六朝称"僚"，唐宋称"蕃蛮"，元、明、清至中华人民共和国成立前称"八蕃""仲家""侬家""布笼""笼人""土人""夷族"等。在布依族语言里，"布"是"族"或"人"的意思。故旧方志中，有将布依族记为"夷族""夷家""夷人"者。除自称之外，不同地区布依族之间还互相称为"布笼""布那""布土""布都""布央""布笼哈"等。1953年，根据本民族意愿并经国务院批准，统一命名为"布依族"。

根据2021年《中国统计年鉴》，中国境内布依族的人口数为3576752人，布依族主要分布在我国的贵州、云南、四川等省，其中以贵州省的布依族人口最多，约占全国布依族人口总数的97%。布依族人口大部分聚居于黔南布依族苗族自治州、黔西南布依族苗族自治州、安顺市、贵阳市等地，在贵州省黔东南苗族侗族自治州、铜仁地区、遵义市、毕节地区、六盘水市以及云南省的罗平县、四川省的宁南县、会东县、普格县等地也有分布。

二、西南地区布依族村寨入选中国少数民族特色村寨名录情况

中国少数民族特色村寨是指民居特色突出、产业支撑有力、民族文化浓郁、人居环境优美、民族关系和谐的少数民族村寨。这些少数民族特色村寨在民居式样、产业结构、村寨风貌以及风俗习惯等方面集中体现了少数民族经济社会发展特点和文化特色[1]。集中反映出各种民族聚落在不同时代、各种地区、各个文明类型中产生与发展的历史过程，比较全面地保存着各民族的文明基因，凝结着各民族文明的历史结晶，反映着中华文明多样性，是弘扬中华民族文明的有效载体，是少数民族群体和民族地区加快发展的重要资源。

2009年，财政部和国家民委联合开展了少数民族特色村寨保护与发展试点工作，并印发《关于做好少数民族特色村寨保护与发展试点工作的指导意见》。此后，国家民委先后于2014年、2017年、2020年公布三批中国少数民族特色村寨，全国共计有1652个村落入选该名录，其中西南地区有38个布依族村寨入选中国少数民族特色村寨名录，且基本上分布在贵州省的贵阳市、安顺市、黔西南布依族苗族自治州以及黔南布依族苗族自治州（表1-1-1）。

西南地区布依族村寨入选中国少数民族特色村寨名录信息汇总表　　表1-1-1

序号	入选村寨名	列保时间	批次
1	贵阳市开阳县南江布依族苗族乡龙广村	2014年9月	第一批
2	安顺市关岭布依族苗族自治县断桥镇木城村	2014年9月	第一批
3	安顺市镇宁布依族苗族自治县城关镇高荡村	2014年9月	第一批
4	黔南布依族苗族自治州都匀市经济开发区坝固镇坝固村坡脚寨	2014年9月	第一批
5	黔南布依族苗族自治州福泉市黄丝镇黄丝村	2014年9月	第一批
6	黔南布依族苗族自治州荔波县瑶山乡拉片村	2014年9月	第一批
7	黔南布依族苗族自治州贵定县盘江镇音寨村	2014年9月	第一批
8	黔南布依族苗族自治州独山县影山镇翁奇村	2014年9月	第一批
9	黔南布依族苗族自治州平塘县卡蒲乡场河村	2014年9月	第一批
10	黔南布依族苗族自治州惠水县好花红乡好花红村	2014年9月	第一批
11	黔南布依族苗族自治州惠水县大龙乡九龙村	2014年9月	第一批
12	黔南布依族苗族自治州三都水族自治县三合镇姑挂村	2014年9月	第一批
13	黔西南布依族苗族自治州兴义市万峰林街道办事处纳灰村	2014年9月	第一批
14	黔西南布依族苗族自治州兴义市义龙新区顶效镇楼纳村	2014年9月	第一批
15	黔西南布依族苗族自治州兴义市义龙新区郑屯镇民族村	2014年9月	第一批
16	黔西南布依族苗族自治州兴仁县屯脚镇鲤鱼坝村	2014年9月	第一批
17	黔西南布依族苗族自治州兴仁县鲁础营回族乡鲁础营村	2014年9月	第一批
18	黔西南布依族苗族自治州兴仁县李关乡鹧鸪园村	2014年9月	第一批
19	黔西南布依族苗族自治州贞丰县者相镇纳孔村	2014年9月	第一批
20	黔西南布依族苗族自治州安龙县钱相乡打凼村	2014年9月	第一批
21	贵阳市乌当区新堡布依族乡陇上村	2017年3月	第二批
22	贵阳市乌当区新堡布依族乡马头村	2017年3月	第二批
23	安顺市镇宁布依族苗族自治县双龙山办事处大寨村	2017年3月	第二批
24	安顺市关岭布依族苗族自治县关索街道办事处月亮湾村	2017年3月	第二批
25	安顺市紫云苗族布依族自治县格凸河镇坝寨村	2017年3月	第二批
26	贵阳市花溪区石板镇镇山村	2017年3月	第二批
27	黔西南布依族苗族自治州兴仁市城北街道办丰岩村	2019年12月	第三批
28	黔西南布依族苗族自治州贞丰县珉谷街道坡旗村	2019年12月	第三批
29	黔西南布依族苗族自治州望谟县新屯街道办新屯村	2019年12月	第三批
30	黔西南布依族苗族自治州册亨县秧坝镇福尧村	2019年12月	第三批
31	黔西南布依族苗族自治州安龙县笃山镇梨树村	2019年12月	第三批
32	黔南布依族苗族自治州荔波县小七孔镇觉巩村巴竹寨	2019年12月	第三批

续表

序号	入选村寨名	列保时间	批次
33	黔南布依族苗族自治州平塘县平舟镇京舟村	2019年12月	第三批
34	黔南布依族苗族自治州罗甸县红水河镇红河村	2019年12月	第三批
35	黔南布依族苗族自治州长顺县白云山镇中院村	2019年12月	第三批
36	黔南布依族苗族自治州龙里县湾滩河镇走马村孔雀寨	2019年12月	第三批
37	黔南布依族苗族自治州龙里县醒狮镇大岩村大寨	2019年12月	第三批
38	黔南布依族苗族自治州惠水县雅水镇西牛村	2019年12月	第三批

三、西南地区布依族中国传统村落名录入选情况

2012年9月，经传统村落保护和发展专家委员会第一次会议决定，将习惯称谓"古村落"改为"传统村落"，传统村落名录列保制度正式推行，住房和城乡建设部、文化部、财政部等七部委自2012～2019年间公布了五批中国传统村落名录，全国31个省份共计6819个村落入选该名录[2]。其中，入选村落数量最多的省份是贵州省，共有724个。2017年中共中央办公厅、国务院办公厅印发的《关于实施中华优秀传统文化传承发展工程的意见》中明确要求："实施中国传统村落保护工程，做好传统民居、历史建筑、革命文化纪念地、农业遗产、工业遗产保护工作"，同时重点提出开展少数民族特色文化保护工作、完善非物质文化遗产等要点。中国传统村落中包含有大量的历史文化遗产信息和特色的自然景观，也是中华民族农业文明长期演进过程中遗留下来的重要的历史遗存。传统村落保持着一定的历史沿革，其房屋位置、房屋风貌、村庄选址没有大的变化，至今遗留着各具特色的民俗民风[3]。传统村落虽然经历过悠久岁月，但至今仍然是村民日常生活的地方，是"活的史书"，具有极高的历史价值和纪念价值。

据统计，中国目前共有6819个中国传统村落，其中西南地区共有62个布依族村落入选，主要分布在贵阳市、安顺市、黔西南布依族苗族自治州以及黔南布依族苗族自治州等地，部分村落同时也入选少数民族特色村寨名录（表1-1-2）。

西南地区布依族村寨入选中国传统村落名录信息汇总表　　表1-1-2

序号	入选村寨名	批次	列保时间
1	贵阳市花溪区石板镇镇山村大寨	第一批	2012年12月
2	贵阳市开阳县禾丰布依族苗族乡马头村	第一批	2012年12月
3	黔西南布依族苗族自治州兴仁县巴铃镇百卡村卡嘎布依寨	第一批	2012年12月

续表

序号	入选村寨名	批次	列保时间
4	黔南布依族苗族自治州荔波县瑶山民族乡董蒙村	第一批	2012年12月
5	黔南布依族苗族自治州荔波县永康民族乡太吉村	第一批	2012年12月
6	黔南布依族苗族自治州荔波县永康民族乡尧古村	第一批	2012年12月
7	黔南布依族苗族自治州平塘县卡蒲毛南族乡场河村交懂组	第一批	2012年12月
8	黔南布依族苗族自治州三都水族自治县坝街乡坝辉村	第一批	2012年12月
9	黔南布依族苗族自治州三都水族自治县都江镇怎雷村	第一批	2012年12月
10	黔南布依族苗族自治州三都水族自治县拉揽乡排烧村	第一批	2012年12月
11	曲靖市罗平县鲁布革布依族苗族乡罗斯村委腊者村	第一批	2012年12月
12	安顺市镇宁布依族苗族自治县城关镇高荡村	第二批	2013年8月
13	安顺市镇宁布依族苗族自治县扁担山乡革老坟村	第二批	2013年8月
14	黔南布依族苗族自治州平塘县掌布镇掌布村	第二批	2013年8月
15	六盘水市水城县花戛苗族布依族彝族乡天门村	第三批	2014年11月
16	六盘水市盘县羊场布依族白族苗族乡大中村	第三批	2014年11月
17	安顺市西秀区新场布依族苗族乡花庆村石头组	第三批	2014年11月
18	安顺市西秀区新场布依族苗族乡勇江村剪克组	第三批	2014年11月
19	安顺市镇宁布依族苗族自治县江龙镇竹王村（原猛正村）	第三批	2014年11月
20	安顺市关岭布依族苗族自治县普利乡马马崖村下瓜组	第三批	2014年11月
21	黔西南布依族苗族自治州兴义市巴结镇雨龙村	第三批	2014年11月
22	黔西南布依族苗族自治州兴义市泥凼镇堵德村	第三批	2014年11月
23	黔西南布依族苗族自治州册亨县丫他镇板万村	第三批	2014年11月
24	黔南布依族苗族自治州都匀经济开发区匀东镇洛邦社区绕河村	第三批	2014年11月
25	黔南布依族苗族自治州都匀经济开发区匀东镇王司社区新场村	第三批	2014年11月
26	黔南布依族苗族自治州荔波县玉屏街道办事处水甫村	第三批	2014年11月
27	黔南布依族苗族自治州荔波县方村乡丙花村者吕组	第三批	2014年11月
28	黔南布依族苗族自治州平塘县平舟镇乐康村	第三批	2014年11月
29	黔南布依族苗族自治州平塘县塘边镇新建村打鸟组	第三批	2014年11月
30	黔南布依族苗族自治州平塘县塘边镇新街村落辉大寨	第三批	2014年11月
31	黔南布依族苗族自治州平塘县新塘乡新营对摆伏组	第三批	2014年11月
32	安顺市镇宁布依族苗族自治县丁旗街道办事处宝寨村官寨组	第四批	2016年12月
33	安顺市紫云苗族布依族自治县格凸河镇格井村	第四批	2016年12月
34	黔西南布依族苗族自治州贞丰县挽澜镇兴农村	第四批	2016年12月
35	黔西南布依族苗族自治州贞丰县平街乡芭江村	第四批	2016年12月

续表

序号	入选村寨名	批次	列保时间
36	黔西南布依族苗族自治州册亨县弼佑镇秧佑村	第四批	2016年12月
37	黔南布依族苗族自治州荔波县瑶山瑶族乡拉片村一、二组	第四批	2016年12月
38	黔南布依族苗族自治州三都水族自治县三合街道高寨村大寨	第四批	2016年12月
39	黔南布依族苗族自治州三都水族自治县三合街道姑挂村姑鲁寨	第四批	2016年12月
40	黔南布依族苗族自治州三都水族自治县三合街道行偿村姑八寨	第四批	2016年12月
41	黔南布依族苗族自治州三都水族自治县三合街道龙台村王家寨	第四批	2016年12月
42	黔南布依族苗族自治州三都水族自治县三合街道牛场村巴卯寨	第四批	2016年12月
43	黔南布依族苗族自治州三都水族自治县三合街道排招村排招寨	第四批	2016年12月
44	黔南布依族苗族自治州三都水族自治县大河镇甲照村甲照大寨	第四批	2016年12月
45	黔南布依族苗族自治州三都水族自治县大河镇蕊抹村	第四批	2016年12月
46	黔南布依族苗族自治州三都水族自治县都江镇摆鸟村	第四批	2016年12月
47	黔南布依族苗族自治州三都水族自治县都江镇达荣村羊告组	第四批	2016年12月
48	黔南布依族苗族自治州三都水族自治县都江镇盖赖村	第四批	2016年12月
49	黔南布依族苗族自治州三都水族自治县都江镇控抗村	第四批	2016年12月
50	黔南布依族苗族自治州三都水族自治县都江镇来术村	第四批	2016年12月
51	黔南布依族苗族自治州三都水族自治县都江镇排抱村	第四批	2016年12月
52	黔南布依族苗族自治州三都水族自治县都江镇排怪村	第四批	2016年12月
53	黔南布依族苗族自治州三都水族自治县都江镇排外村	第四批	2016年12月
54	黔南布依族苗族自治州三都水族自治县都江镇小脑村	第四批	2016年12月
55	黔南布依族苗族自治州三都水族自治县都江镇小昔村党虾组	第四批	2016年12月
56	黔南布依族苗族自治州三都水族自治县都江镇小昔村火烧组	第四批	2016年12月
57	安顺市镇宁布依族苗族自治县江龙镇陇西村二组、三组	第五批	2019年6月
58	安顺市镇宁布依族苗族自治县江龙镇木志河村下院组	第五批	2019年6月
59	安顺市紫云苗族布依族自治县猴场镇打哈村	第五批	2019年6月
60	安顺市紫云苗族布依族自治县猫营镇黄土村佑卯组	第五批	2019年6月
61	安顺市紫云苗族布依族自治县坝羊乡五星村云上组	第五批	2019年6月
62	安顺市紫云苗族布依族自治县火花乡九岭村	第五批	2019年6月

四、布依族村寨在贵州省的分布情况

贵州省内的中国少数民族特色村寨、中国传统村落大量集中分布在东南部地区，本书研究的布依族村寨主要分布在含贵阳市、黔南布依族苗族自治州、安顺市、六盘水市和黔西南布依族苗族自治州的南部地区。结合前面对西南地区布依村寨的分布情况可知，西南地区中国少数民族特色村寨、中国传统村落中的布依族村寨主要分布在贵州省内，具体数据如下：西南地区38个入选中国少数民族特色村寨名录的布依族村寨全部分布在贵州省内；62个入选中国传统村落名录的布依族村寨中，有1个位于云南省曲靖市罗平县，剩余61个分布在贵州省内。

第二节　民族特色村寨文化空间相关概念

一、非物质文化遗产

《中华人民共和国非物质文化遗产法》第二条规定："非物质文化遗产是指各族人民世代相传并视为其文化遗产组成部分的各种传统文化表现形式，以及与传统文化表现形式相关的实物和场所。包括传统口头文学以及作为其载体的语言、传统美术、书法、音乐、舞蹈、戏剧、曲艺和杂技、传统技艺、医药和历法、传统礼仪、节庆等民俗、传统体育和游艺，以及其他非物质文化遗产等类别"。2003年10月，联合国教科文组织第32届大会通过了《保护非物质文化遗产公约》（以下简称《公约》），我国于2004年加入《公约》。《公约》明确由缔约国成员选举的"政府间保护非物质文化遗产委员会"提名、编辑更新人类非物质文化遗产代表作名录、急需保护的非物质文化遗产名录、保护非物质文化遗产的计划、项目和活动（优秀实践名册）。截至2022年8月，我国入选联合国教科文组织的非物质文化遗产名录的项目共计42个，含人类非物质文化遗产代表名录34项、急需保护的非物质文化遗产名录7项、优秀实践名册1项，也是目前世界上拥有世界非物质文化遗产数量最多的国家。

《公约》同时要求"各缔约国应根据自己的国情"拟订非物质文化遗产清单。2005年开始我国正式建立非物质文化遗产名录体系，国务院先后于2006年、2008年、2011年、2014年和2021年公布了五批国家级非物质文化遗产代表性项目名录。截至2022年8月，西南六省、市、自治区共有615项国家级非物质文化遗产代表性项目，其中，民间文学43项，传统音乐77项，传统舞蹈104项，传统戏剧54项，曲艺18项，传统体育、游艺与杂技

13项，传统美术61项，传统技艺118项，传统医药31项，民俗95项。据初步调查，有80%与村落文化相关。

二、文化空间

"文化空间"也称为"文化场所"（Culture Places），是联合国教科文组织在保护非物质文化遗产时使用的一个专有名词，主要用来指人类口头和非物质遗产代表作的形态和样式。由于文化空间是非物质文化遗产中的用语，因此，文化空间的释义必须以非物质文化遗产为基础[4]。1998年，联合国教科文组织颁布的《宣布人类口头和非物质遗产代表作条例》中，明确将人类口头和非物质文化遗产划分为两大类，第一类是各种"民间传统文化表现形式"，包括语言、文学、音乐、舞蹈、游戏、神话、礼仪、习惯、手工艺、建筑技术及其他艺术、传统形式的传播和信息等民间传统文化表现形式，第二类是文化空间[5]。随着联合国教科文组织对非物质文化遗产的定义及分类的逐步明确，文化空间在非物质文化遗产中的地位也愈加凸显[2]。2005年，我国在非物质文化遗产分类界定中把文化空间作为非物质文化遗产的一个基本类别，认为"文化空间"兼具空间性和时间性，是具有一定传统文化活动周期或集中展现传统文化表现形式的场所[6]。

西南地区是我国非物质文化遗产分布较为集中的区域。早在20世纪90年代末期，全国人大教科文卫委员会就是在对西南地区的云南、四川、贵州、重庆、广西等地的民间艺术、传统工艺等进行调查后，才向文化部提出了研究起草民族民间传统文化保护法的建议。西南传统乡土聚落中的民间艺术和传统工艺等文化表现形式多以各种少数民族的文化生活紧密联系，并以聚落中独特的景观空间为载体，具有明确的"文化空间"意义。然而，由于与之相关的景观要素呈现出较为敏感的变迁特点，"文化空间"往往是聚落保护规划中的重点和难点，就空间属性上面看，文化空间涉及的区域往往是村寨整体保护中最为敏感的地段，就时间属性上看，文化空间涉及的活动规律的变化往往是村寨保护工作中容易忽略的现象[7]。

三、布依族特色村寨文化空间研究进展

20余年来，在布依族特色村寨、传统村落、历史文化名村等领域的研究文献中，文化空间的概念逐渐析出、凸显，保护和利用好传统村落文化空间已经被提到了国家重点专项的高度，布依族作为中国西南部一个较大的少数民族，其聚居村寨内文化空间丰富，成为学者们研讨的重点[8]。文化空间作为布依族村寨中的重要板块，是为其他形式的布依族

非物质文化遗产提供生存、发展、传承的土壤，无论在物质维度与精神维度都是作为展示传统村落的生命力所在[9]，引起了城乡规划、遗产保护、风景园林、社会经济、人文、人类学、民族研究等不同学科背景专家、学者的关注，并经过不懈的探索，获得了较多研究成果。归纳起来，主要集中在以下方面：

（一）布依族特色村寨文化空间的价值内涵研究

通过对传统村落的研究发现，越来越多的研究者认识到布依族特色村寨文化空间的价值内涵。向云驹探讨了文化空间的类型、基本特质及与其他遗产的关系，并对文化空间认知问题进行了辨明；余压芳通过大量布依族文化空间识别保护非物质文化遗产实践案例，认为保护好布依族文化空间就是保护好布依族非物质文化遗产的活动载体。

在文化价值内涵方面，鄂启科以布依族"三月三"文化节变迁与重构为例分析其空间文化内涵，并针对现状问题提出了相应的保护策略。

蒋萌从布依族文化空间视域出发，以高荡布依族村为例，对布依族村寨文化空间的构成、特征与变化进行了梳理，并提出了布依族文化空间及传统村落环境保护发展建议[2]；刘国东从整体环境视角出发，认为布依族文化空间的保护对于村寨整体空间的特色营造至关重要，并提出了布依族文化空间的整体性保护策略。

（二）传统布依族村落文化空间的基本特性研究

在文化空间的界定方面，针对布依族文化空间的基本特性研究较少，因布依族文化空间从属于文化空间，故可以从文化空间的特征出发进行研究。

王建基从少数民族文化空间特征与认定出发，对其进行界定，并为少数民族文化空间的保护与利用提供思路；陈路路则以传统村落民俗文化空间为对象，对其概念和模式进行了研究；孟令法以浙南畲族史诗《高皇歌》的演述场域为例，对文化空间的概念及边界进行了阐述与讨论，认为文化空间的"时空边界"取决于非遗保护主体对传统文化活动或表现形式在特定族群中的时空建构；卞修金引用"文化空间"概念，结合物质遗产与非物质遗产对历史街区的更新与评价进行了研究。

在文化空间的构成方面，杨俊涛介绍了文化空间的构成要素，以平顶山市传统村落为例，总结了其文化空间的概况、类型及特点，并针对文化空间保护与发展的需求，提出更新措施；付正汇对红河哈尼梯田遗产区阿者科村的文化空间现象及其构成进行了研究，分析了传统村落的文化空间构成及其保护方法；单田卉从多角度对烟桥村文化空间特征的形成与村落演变原因进行分析，明确当前困境，并以文化空间为视角提出相应的保护与发展策略；龙平久提出，布依族建筑文化空间是一种特殊的文化现象，其传承与变异是布依族自身所处的自然环境、生产方式、宗教信仰、经济生活以及同其他民族的文化交往共同作用的结果。

在文化空间变迁方面，吴茜婷等学者以贵州省单个传统村落为研究对象，通过对其文化空间的变迁状况，对其分布特征和文化空间变迁的影响因子进行研究，并以此为基础提出相应的保护策略，同时也为其他传统村落文化空间的保护提供了借鉴[10]。

在文化空间的特征方面，白佩芳对晋中35个传统村落的信仰文化空间的基本特征与发展演变等方面进行了研究；方媛、但文红以从江县岜扒村为研究对象，对侗族文化空间的功能、类别、特征等进行了分析研究[11]；黄柏权对土家年的文化空间建构及其变迁进行了研究；覃巧华对广东连南瑶族村落的文化空间的特征、类别与传承方面做出了较为详细的描述，进而分析了瑶族村落的文化空间保护与文化景观激活的策略。

（三）布依族文化空间保护方法研究

在布依族聚落文化空间保护方式上，雷清以安顺布依族聚落为例，提出应优化完善文化空间内部功能、空间优化等以保护布依族文化空间。

田冬梅通过对环县道情皮影文化空间的研究，提出其文化空间的保护理论，并对不同类别文化空间的具体保护方法进行了探究。

向怀安用文化空间理论对梯玛文化的保护和传承进行反思，并提出可行性建议。

刘婷对文化空间类型的非物质文化遗产传承与保护等问题进行了探讨，认为应将文化空间要素考虑进文化生态保护区建设中。

还有较多学者以单个传统村落实例，阐述了传统村落中文化空间的作用，并提出其相应的保护与发展策略。

姜琦珺探讨艺术文化空间在发展保护中存在的问题，认为从传统村落的艺术文化在内涵上超越自然风景地域空间的范畴，有利于维护中国民族本土文化的生存和发展，增强文化自信；阳利新以大圆苗寨节日文化空间进行整体性保护为出发点，探讨了传统村落整体性保护的建议。

在文化空间保护方法构建方面，如张淞茜结合《重庆地区历史文化名村名镇保护规划技术研究》项目，基于对历史文化村镇文化空间保存状况和预测未来变化趋势的有效评价，以推进文化空间保护预警方法的研究；王世春、王召令对贵州少数民族体育文化的表征进行了介绍，分析了其文化空间建构的阻碍，并提出了贵州民族体育文化空间构建的路径；谈国新、张立龙对文化空间建立了传承信息的时空表达模型，并能动态回溯和检索传承人的时空信息，从而提取影响因素以促进自身发展；杨晓玫借助项目的实践经验，以凤翔六营泥塑手工艺的物质空间为研究对象，对非物质文化遗产和其对应的物质文化空间环境在实际保护工作中的协调进行探讨。

（四）布依族文化空间发展利用方式研究

很多学者在文化空间视域下，对传统村落的保护发展进行研究，如寇怀云、周俭通过对民族村寨文化空间的价值特征归纳，认为民族村寨的保护发展规划，应以村寨文化空间特征和价值为依据来确定；王世良论述了凤翔泥塑制作工艺与村落空间之间的联系并提出相应的设计手法及改造策略；艾菊红以文化空间为研究视角，对传统村落的保护方式与发展前景进行研究，将传统村落作为完整的、综合性的文化空间进行保护与发展，从而提供了一条可持续性的保护发展之道；李朋瑶通过对成都古镇进行时间和空间两个维度的文化空间量化分析及节庆序列和物质空间分析，提出了古镇文化空间的保护框架；陈晓华从文化传承的视角出发，对传统村落文化的构成、空间、演进与传承、保护发展理论与方法、保护发展模式与路径、保护发展规划与管理等方面进行研究分析，归纳出我国传统村落保护发展研究的进展；王希在对传统村落规划中文化空间的分析与整合研究的基础上，充分考虑当地文化特色，以文化空间延续组织规划结构，根据文化空间的特点提出相应的规划策略；蒋盈盈分析布依族文化空间的风貌、体制、现有保护措施等几个方面的现状，提出保护主导，适当利用，强化管理的综合保护方法；王乐君提出，布依族文化空间的利用，应结合布依族当地乡土景观，尊重并提炼布依族文化，协调村寨整体布依族文化氛围，保存文化的原真；周政旭通过文化空间场所塑造重振村民文化自信。

还有一些学者对文化空间的社会经济效益方面进行了研究，如丁琏对传统村落乡土文化的特质进行提炼，思考发挥乡土文化优势，使其转换成旅游文化产品的途径，进而深入分析文化空间这一载体，并对其与乡土文化理论之间的关系进行深入分析；陈晓华、程佳以屏山村传统村落为例，构建了文化空间功能演化适应性模型，以期通过指标评判出空间功能的现状特征与存在问题，为日后功能更新及空间活化提供参考。

（五）布依族文化空间的研究趋势

文献积累结果表明，我国布依族文化空间的理论性研究以及在实例中保护方法的应用性研究均已逐步深入，但仍有部分研究领域亟待补充和深入，具体如下：布依族文化空间的识别技术急需探索，新技术、新方法仍需探索；文化空间保护与现行规范急需衔接，有效可持续的应用技术体系研究不足；多学科交叉融合研究尚待充实[2]。

四、西南地区布依族民族特色村寨中的文化空间分布及特征

（一）西南地区布依族民族特色村寨中的非物质文化遗产名录情况

西南布依族村寨中的文化表现形式由于其特色鲜明与易识别性，从2006年以来，就被分期分批收录进国家级、省级、市州级、县级等级别的非物质文化遗产名录。

截至2022年8月，我国公布的国家级非物质文化遗产名录名单中，与布依族相关的共计17项，全部分布在西南地区，包括传统美术类、传统戏剧类、曲艺类、传统体育游艺与杂技类、传统医药类、民俗类、民间文学类、传统音乐类、传统舞蹈类、传统技艺等10个项目类别，具体情况详表1-2-1所示。

西南地区与布依族相关的国家级非物质文化遗产目录表[①]　　　表1-2-1

序号	编号	名称	类别	公布时间	申报地区或单位
1	I-62	布依族盘歌	民间文学	2008年（第二批）	贵州省盘县
2	II-60	铜鼓十二调	传统音乐	2006年（第一批）	贵州省镇宁布依族苗族自治县、贵州省贞丰县
3	II-112	布依族民歌（好花红调）	传统音乐	2008年（第二批）	贵州省惠水县
4	II-130	布依族勒尤	传统音乐	2008年（第二批）	贵州省贞丰县、贵州省兴义市、贵州省镇宁布依族苗族自治县
5	III-5	狮舞（布依族高台狮灯舞）	传统舞蹈	2008年（第二批）	贵州省兴义市
6	III-125	布依族转场舞	传统舞蹈	2014年（第四批）	贵州省册亨县
7	IV-84	布依戏	传统戏剧	2006年（第一批）	贵州省册亨县
8	IV-89	傩戏（荔波布依族傩戏）	传统戏剧	2011年（第三批）	贵州省荔波县
9	V-46	布依族八音坐唱	曲艺	2006年（第一批）	贵州省兴义市
10	VI-95	布依族武术	传统体育、游艺与杂技	2021年（第五批）	贵州省黔西南布依族苗族自治州安龙县

[①] 资料来源：中国非物质文化遗产网·中国非物质文化遗产数字博物馆，http://www.ihchina.cn/，数据截止时间2022年8月，经作者整理。

序号	编号	名称	类别	公布时间	申报地区或单位
11	Ⅶ-131	布依族刺绣	传统美术	2021年（第五批）	贵州省黔西南布依族苗族自治州
12	Ⅷ-25	蜡染技艺	传统技艺	2008年（第二批）	贵州省安顺市
13	Ⅷ-108	枫香印染技艺	传统技艺	2008年（第二批）	贵州省惠水县
14	Ⅸ-22	布依族医药（益肝草制作技艺）	传统医药	2014年（第四批）	贵州省贵定县
15	Ⅹ-21	布依族查白歌节	民俗	2006年（第一批）	贵州省
16	Ⅹ-127	布依族"三月三"	民俗	2011年（第三批）	贵州省望谟县、贵州省贞丰县
17	Ⅹ-157	布依族服饰	民俗	2014年（第四批）	贵州省

如分布于贵州省安顺市的布依族国家级非物质文化遗产——"蜡染技艺"，染出的成品构图精巧、样式多变，表现了布依族对天地万物的认知、对山川神明的敬畏以及对美好生活的追求与向往。又如贵州省望谟县、贞丰县的布依民族传统节日"三月三"，布依族村民在农历三月初三这一日都会开展隆重的祭拜活动，这一天也是布依族男女青年互相了解寻亲择偶的机会，主要通过成群结队对唱情歌的方式开展活动。又如布依族八音坐唱又叫"布依八音"，音乐原型属于古代的宫廷雅乐，是布依族世代相传的一种民间曲艺说唱形式[12]，元明以后，由于布依族民族审美意识的作用，逐渐发展为以丝竹乐器为主伴奏表演的曲艺形式，千百年来，该曲艺项目一直在贵州省南盘江流域的布依族村落中传承延续[13]。

（二）布依族民族特色村寨中的文化空间

布依族特色村寨的文化空间作为非物质文化遗产的重要物质载体，日渐成为学术界所关注的焦点，近年来越来越多的理论研究和规划实践聚焦于传统村落文化空间的研究，如以个案追踪的方式对传统村落文化空间保护传承、文化空间特征内涵等进行实证研究，又或以遗产保护措施角度来展开的文化空间分类、文化空间变迁发展、文化空间预警等。西南地区的布依族村寨具有独特的代表性，布依族人口相对集中地分布在贵州省境内，布依族村寨的民族特色更加典型，村寨中承载的非物质文化遗产表现形式也是极为丰富的，与之相对应的村寨文化空间的类型较多、数量较多、范围较广。布依族村寨中的每一种非物质文化遗产文化表现形式都离不开与之相对应的赖以开展活动的村寨文化空间，文化表现形式的活动组织也是自然而然地将村寨中的各种文化空间地段性和时段性紧密结合在一起，形成空间性和时间性的联系特点。例如，布依民族国家级非物质文化遗产——"三月三"，是贵州省望谟县辖区内布依族村寨中重要的文化表现形式，然而与布依族"三月三"相关联的各种民俗活动，如杀猪宰牛、祭祀神明、过舞草龙扫寨等环节，都需要在村寨内某一个特定的文化空间地段内开展，不仅体现出空间限定性的特点，也体现出活动时间的规律性特点。因此村寨"文化空间"兼具空间和时间属性，就时间的属性方面看，文化空间所涉及的时间规律的变化往往是村寨保护工作中最容易忽略的对象；就空间属性上看，文化空间涉及的区域往往是村寨整体保护中最为敏感的地带[9]。

第二章
民族特色村寨的文化空间识别技术要点

第一节 布依族民族特色村寨中的文化空间识别目标

1. 确定布依族村寨文化空间清单

确定村寨文化空间的清单，是文化空间识别的首要目标，清单内容需要反映每个文化空间单元的编号、名称和地点，同一类文化空间单元如果分布在不同位置，则视为不同的文化空间单元。

2. 确定布依族村寨文化表现形式清单

确定村寨文化表现形式的清单，是文化空间识别的重要基础目标，该清单应包括官方公布的各级非物质文化遗产名录、调研过程中发现的具有文化表现形式特点的活动等，清单内容需要反映每个文化表现形式的编号、名称、名录等级。[9]

3. 定位布依族村寨文化空间单元的空间位置

采用建筑学的图纸工作方法，将每个文化空间单元的空间定位同时表达在平面底图和倾斜摄影底图上，标注其相对位置。

4. 匹配布依族文化空间单元与文化表现形式的对应关系

将村寨文化空间单元与文化表现形式进行双向匹配，形成一对多、多对多的连线关系，单一文化空间单元可对应多个文化表现形式，单一文化表现形式也可以对应多个文化空间单元。

5. 甄别布依族文化空间单元的时空属性及濒危倾向

对每一项文化空间单元进行时空属性的甄别，空间属性方面，需判断文化空间单元的空间分布特征及地段性倾向；时间属性方面，需判断文化空间单元的活动规律及变迁倾向；同时，需结合时间和空间属性的综合分析得出文化空间单元是否处于濒危状态。

第二节　西南民族特色村寨中的文化空间识别程序及规程（图2-2-1）

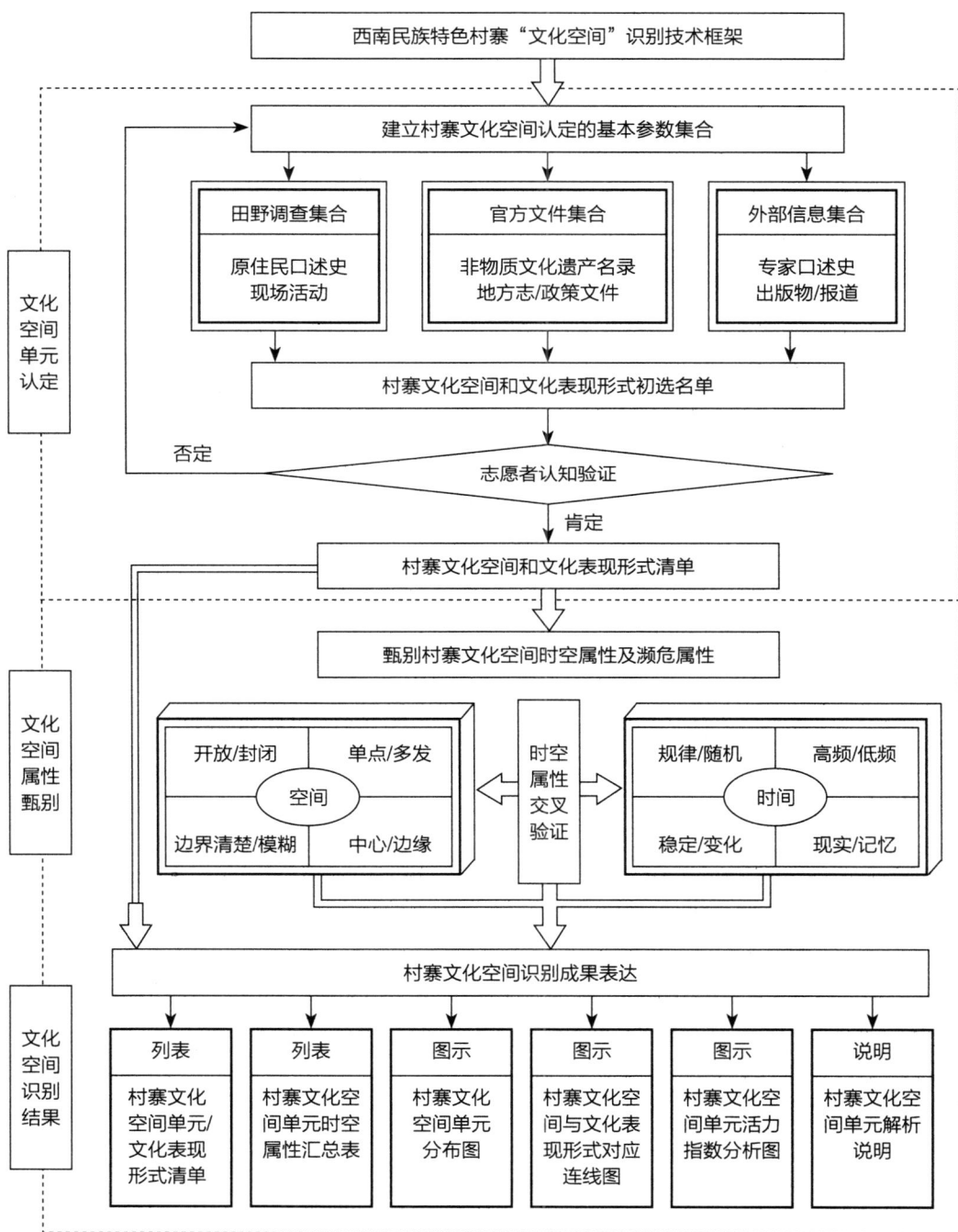

```
西南民族特色村寨"文化空间"识别技术框架
```

文化空间单元认定

```
建立村寨文化空间认定的基本参数集合

田野调查集合              官方文件集合              外部信息集合
原住民口述史         非物质文化遗产名录           专家口述史
现场活动             地方志/政策文件             出版物/报道

村寨文化空间和文化表现形式初选名单

否定        志愿者认知验证        肯定

村寨文化空间和文化表现形式清单
```

文化空间属性甄别

```
甄别村寨文化空间时空属性及濒危属性

开放/封闭    单点/多发                规律/随机    高频/低频
        空间          时空属性              时间
边界清楚/模糊  中心/边缘    交叉验证      稳定/变化    现实/记忆
```

文化空间识别结果

```
村寨文化空间识别成果表达

列表         列表         图示         图示         图示         说明
村寨文化    村寨文化空    村寨文化    村寨文化空    村寨文化空    村寨文化空
空间单元/   间单元时空    空间单元    间与文化表    间单元活力    间单元解析
文化表现    属性汇总表    分布图      现形式对应    指数分析图    说明
形式清单                            连线图
```

图2-2-1　西南民族特色村寨"文化空间"识别技术框架图

一、村寨文化空间单元认定阶段

文化空间单元认定阶段，需完成两个核心目标：认定村寨文化空间单元的清单和村寨文化表现形式的清单。核心任务是通过三个线索构建民族村寨历史文化空间认定的基本参数集合，线索一为官方文件集合，如在中华人民共和国中央人民政府网站上发布的国家非物质文化遗产代表性项目名单、法律法规，各级政府地方志办公室发行的地方志、经审批通过的规划文本等；线索二是田野调查获取的资料集合，如村民口述史、现场影像、图片和音频资料等；线索三是外部资料集合，如了解该村情况的专家口述史、职能管理部门的介绍资料、相关公开出版物资料、媒体报道等。通过上述三条线索获取的综合资料，需要交叉验证形成村寨文化空间和文化表现形式初选名单，由于资料获取线索中有部分会存在错漏或误差，此阶段需安排志愿者开展认知验证测试，志愿者在村民、专家、非遗公职人员、访客中随机产生，采用德尔菲方法开展认知验证测试，验证后的结果将形成村寨文化空间和文化表现形式的清单。德尔菲方法，亦叫专家意见调查方法，其本质上是一个反馈式匿名专家函询方法，其一般过程是在对需要预测的情况先征求专家学者的看法以后，再经过收集、综合、统计，然后再匿名反映给各专家学者，再经过征求意见，再集中，再反映，最后终于得到一致的意见。

二、村寨文化空间属性甄别阶段

村寨文化空间属性甄别阶段，是在文化空间和文化表现形式清单认定的基础上，从空间和时间两个维度对所有文化空间单元进行逐项甄别。分空间和时间两个模块展开，空间属性模块需判断四组空间分布的相对特征：开放或封闭、单点或多发、边界清楚或模糊、位于中心或边缘分布；时间模块需判断四组关于文化活动的相对状态特征：规律或随机、高频或低频、稳定或变化、现实或记忆状态。两个模块八组数据的分析，可得出文化空间单元的精确地点、文化空间与文化表现形式的匹配关系、文化空间的空间分布特征、文化空间所承载的文化活动的规律特征、文化空间是否处于濒危状态等。需要指出的是，该阶段的识别成果需要对各项时空属性开展定性的逻辑性交叉验证，去伪存真。

三、村寨文化空间识别成果表达阶段

村寨文化空间识别结果表达阶段，该阶段主要是对上述两个阶段的识别结果开展综合性的成果表达，主要包括三个方面的内容：图示、列表、说明，根据分项成果的性质进行综合表达（表2-2-1）。

村寨文化空间识别成果构成及规范表　　　　　　　　表2-2-1

序号	成果名称	形式	文件格式	基本内容
1	村寨文化空间单元清单	列表	word	表述文化空间单元的编号、名称、位置信息
2	村寨文化表现形式清单	列表	word	表述文化表现形式的编号、名称、名录等级
3	村寨文化空间单元平面分布图	图示	jpg	表达各项文化空间单元的空间分布位置，底图采用村寨正射航拍图或地形测绘图
4	村寨文化空间单元与文化表现形式对应连线图	图示	jpg	表达文化空间单元与文化表现形式的活动发生匹配关系，采取阵列连线图的形式
5	村寨文化空间单元活力指数分析图	图示	jpg	表达各文化空间单元的活跃度，采用柱状分析图、饼状图等
6	村寨文化表现形式解析说明	说明	word	表述各文化表现形式的详细信息，如名称、类别、名录批次、公布时间以及做对应的文化空间等
7	村寨文化空间单元解析说明	说明	word	表述各文化空间单元的详细信息，如名称、地点、所承载的文化表现形式、活跃度等

第三节　民族特色村寨中的文化空间识别方法

一、现场研究法

现场研究法是村寨文化空间识别的基础方法，研究者必须亲自进入村寨现场踏勘获取第一手资料，主要用到的是现场观察研究法和现场调查研究法。第一阶段村寨文化空间单元认定阶段和第二阶段文化空间时空属性甄别阶段，需全程使用，包括现场观察研究法、现场调查研究法和田野调查法三个类型。

现场观察研究法是针对文化空间变量关系还处于较为模糊的阶段，主要用于研究者进入村寨后开展实地观察，并与村民进行访谈，获取三类信息：一是关于村寨文化空间偶发事件和历史事件的信息；二是关于文化表现形式有关频率分布的信息，如参加人数；三是有关众所周知、约定俗成的村寨基本信息等。

现场调查研究法主要用于研究者到村寨实地搜集实际资料，现场取样推荐采用雪球取样模式，即沿着一个脉络不断扩展的取样，可搜集到较为丰富的现场数据，需充分结合建筑学的图纸工作方法，表述成图示语言。

田野研究法，是指来源于文化人类学、考古研究学的基本研究方法论，适用于研究者能在村寨中停留较长时间开展调查的情况。研究者可通过参与村民的生活，在村寨范围内，体验村民的日常生活与思想境界，通过记录村民生活的方方面面，来获取文化空间和文化表现形式的线索。

二、访谈调查法

访谈研究法是在村寨中国文化空间识别研究阶段的主要方式，采用口头讨论多种形式，通过被询问者的解答获取大量客观准确的、不带有偏颇的文化空间史实材料，需要向不同类型的人了解不同类型的材料，同时需要对不同访谈对象资料的互相印证关系进行后期分析。文化空间的识别过程中可灵活进行公开的或非正式的采访，进行逐一采访询问或个人访问，也可以召开小型讨论会，或开展集体访问。主要采取结构型访谈，即按照定向的文化空间及文化表现形式的线索展开，辅以问卷或调查表的形式开展。访员开展指导性访谈，以导出访谈（即从受访人那里引导出情况或意见）为主。大致过程是：制定采访提纲；正确进行询问；正确拍摄资料，准确获取相关信息；正确地做出回答；准确进行采访笔记，录音或摄影。

三、信息收集法

信息收集法是建立村寨文化空间基本参数集合的重要方法，通过各种方式获取文化空间的线索。收集原则包括准确性原则、全面性原则、时效性原则。主要流程包括编制信息采集规划、制定信息采集提纲和图表、确定数据收集的形式和手段、提交数据收集的结果。

资料采集的范围：包括本身信息范围和环境信息范围。本身信息范围是由事件自身信息的内涵特点构成的范围；环境信息范围是由事件周围、与事件有关的信息的内涵特点构成的范围。

信息收集的内容：围绕非物质文化遗产的两大类型展开，即文化表现形式和文化空间，同时还要搜集村寨的基本信息和其他具有相关性的特征信息。

信息采集的地域范畴分为两种类型，一是村寨居民点范围，作为文化空间定位点的限定范围；二是由村寨延伸出去的存在于所在乡、所在县市、所在省份、所在国家，是作为文化表现形式影响范围。资料源分为实物型资料源、文书型资料源、电子式资源信息源和网络资料源。

四、数理统计法

数学统计法一般适用于文化的时空特征甄别分析方法，重点探讨了文化空间的表现形式随机事件中部分和总体间、各有关要素间互相关系的变化规律，并通过抽样的平均数、准则差、准则误、变异系数率、均方、试验判断、相关性、回归、聚类分析、判别分析方式、主成分分析、正交试验、模糊数学和灰色分析方法等研究有关统计变量的方法，来对文化空间数据展开相应的分析方法，据此得出文化空间的活跃度、濒危特性等。这里，最重要的就是聚类分析技术，综合利用不同变量的数据对划分方法进行排序；首先将不同的空间或单元对象分别作为类，然后再按照差异大小的原理，分别选择一种划分方法，并形成一种类别。假设当中一种类别对象已归入第一类，则把另一种也归入该类；而假如某个类别对象恰好处于所归的二类中，则将该二类并为第一类。每一种归并中，均划去了该类对象所属的一列大小和次序都相同的行。

五、德尔菲法

德尔菲法则实质上是一个反馈匿名函询法则。其主要过程为：在对所有需要预测的问题先征求专家学者的意见以后，再进行梳理、综合、计算，然后以匿名形式回复给各专家学者，再征询共同意见，然后集中，再反馈，直到取得共同的观点。

德尔菲法作为一种利用函询形式进行的集体匿名思想交流过程，单环节应用于文化空间初步名单拟定阶段的志愿者认知验证。在保证隐私性、多重回应、小组一致的数据解释等前提下，将开放性的第一轮调查和现场研究同时进行，在评价型的第二次调查中，在专家所看见的问题中已经加入了现场研究的文化空间数据，专家才能够在重审型的第三回调查和复核型的第四轮调查中，全面表述观点[9]。

第三章

镇山村布依族村寨基本情况

第一节 花溪区镇山村基本情况

一、镇山村概况

镇山村位于贵州省贵阳市花溪区石板镇，坐落在风景优美的花溪风景名胜区天河潭景区内，地理坐标为东经106°37′，北纬26°37′。镇山村距离贵阳市中心21公里，距离花溪区中心区11公里，距离镇政府驻地2公里，交通便利。村域面积2.5平方公里，全村有5个村民组，2个自然村寨，202户、786人，主要居住着布依族和苗族，以布依族为主，杂居有18户苗族。寨内的布依族村民多为班、李两姓，虽是异姓，但为同宗（图3-1-1）。

镇山村始建于明万历年间（1573～1620年），是一个以明代屯军文化为背景，李、班同宗家族为主的布依族村寨，至今已有十八代、有400多年的历史。整个村子地处花溪水库中段南岸三面环水的半岛之上，与北岸的李村遥相呼应，地势西北高东南低，石板民居依山就势而建，呈阶梯状层层叠叠、错落有致。

镇山村寨以屯墙为界，分为上、下两寨。上寨居民居住在屯墙内，几十户人家相互毗邻，又有围墙隔开独立成户，形成一处处空间完整的三合院。村落东南屯墙以外为下寨，1958年因修建花溪水库搬迁于此，多为面向水面的"一"字形排屋。镇山村民居一般为穿斗式悬山顶一楼一底石木结构建筑，建筑材料多以石板为主，屋顶以石板为瓦，墙面用石

图3-1-1 镇山村全景

板镶嵌，院墙和部分建筑山墙用石板砌筑，院坝和村内道路均以石板铺成。

1993年8月23日镇山村被贵州省人民政府批准为"贵州镇山民族文化保护村"；1994年11月17日，贵州省人民政府决定以镇山村为基础建立露天民俗博物馆，定名为"贵州镇山露天民俗博物馆"；1995年经贵州省人民政府批准为省级文物保护单位和民族文化村；2000年9月5日镇山村建成为布依族生态博物馆；2012年被列入第一批中国传统村落名录；2017年3月被列入"中国少数民族特色村寨"名单；2018年6月被列入"2018年度贵州省中国传统村落保护发展示范村"名单；2019年1月被列入第七批中国历史文化名村名单。

二、历史沿革

镇山村始建于明万历年间（1573～1620年），据《李仁宇将军墓志》载：明万历二十八年（1600年）明廷"平播"，时任江西吉安府卢陵县协镇李仁宇奉命以军务入黔，屯兵安顺，及黔中平服广顺州粮道开通，遂携家眷移至石板哨镇山建堡屯兵，其妻因水土不服病逝，李仁宇入赘镇山，与班氏结缘，生二子，长子姓李，次子姓班[14]。

据族谱记载，班李后代不忘"将门"的遗训，勤奋习文练武，自李仁宇之后，任游击将军（武官）之职相继五代。清咸同年间，镇山村大部毁于兵燹。光绪年间重修。

1958年因修建花溪水库建库，当时居住在原花溪河岸边的下寨村民搬迁至上寨屯墙以南位置，民居建筑的布局、风貌以及使用人群均保持原貌。

1993年省文化厅和花溪区文广局调查组对镇山的文化遗存进行了调查。同年7月，省文化厅将调查报告呈报省政府，省府办函〔1993〕178号文正式批准镇山为"民族文化保护村"。同年底省文化厅拨出专款对镇山民族文化遗产和村容村貌进行抢救性保护和整治[15]。

1994年镇山村被正式确立为民俗文化保护村，开始建立镇山露天民俗博物馆，其思路是集中贵州的民族建筑精品在镇山展出，以镇山为依托开展民俗表演活动。同年夏，花溪区政府确定"四点一线"旅游发展策略（花溪、小山峡、镇山和天河潭），将镇山村列为花溪四个重要景点之一。

1995年4月，省文化厅特邀中挪（威）文博专家到镇山进行考察，通过这次考察，中挪文博专家意向性地将镇山列入生态博物馆群的建设计划中。

1995年6月，花溪区旅游局在镇山下寨发展了11户旅游接待户。以此为标志，旅游业开始在村寨中迅速发展。

1995年7月7日，贵州省人民政府发"黔府函〔1995〕116号"文将镇山村古建筑群公布为省级文物保护单位，同年省文化厅拨款10万元对镇山武庙进行加固维修，并对镇山的保护问题明确提出了工作思路：文化保护与脱贫致富相结合；文化保护与提高贵州知名度相结合；文化保护与旅游发展相结合。同年10月举办了镇山历史文化展，展厅设在武庙。

1997年9月12日，贵阳市人民政府将镇山村古营盘、古寺庙公布为贵阳市第四批文物保护单位。

1998年10月国家文物局、中国博物馆学会与挪威文博专家再次到镇山考察，正式确定将镇山列为中挪文化合作的国际性项目——贵州生态博物馆群之一。

1999年3月16日挪威环境大臣古露·弗耶兰女士在北京和国家文物局局长张文彬签订了《关于中国贵州生态博物馆群合作意向书》。同年9月青年博物馆学家安来顺先生受国家文物局和中国博物学会的派遣赴挪威起草《中国贵州生态博物馆群项目文件》，同年12月9日贵州省人民政府（黔府函〔1999〕286号）批转建立贵州花溪镇山等三座生态博物馆[14]。

1999年11月镇山村被贵州省人民政府列为全省重点保护与建设的民族村寨之一。

2000年9月5日中挪签订《奥斯陆协议》正式确定了贵州生态博物馆群建设项目，同年编制完成镇山生态博物馆保护规划，开始建设资料信息中心建筑，并进行遗产调查工作。此后其旅游发展开始步入兴旺时期。

2002年7月15日（农历六月六，镇山布依族传统节日），镇山生态博物馆资料信息中心落成开馆并举办展览。短暂开放后即因各种原因停用至2005年初，生态博物馆的日常管理由花溪区文物管理局实施代管制度。

2009年9月29日镇山村被贵州省人民政府公布为第一批省级历史文化名村。

2012年12月19日镇山村大寨被住房和城乡建设部、文化部、财政部列入第一批中国传统村落名录。

2017年3月3日镇山村被国家民委公布为第二批中国少数民族特色村寨。

2018年12月镇山村被列入首批贵州省中国传统村落保护发展示范村名单。

2019年1月21日镇山村被住房和城乡建设部、国家文物局公布为第七批中国历史文化名村。

三、村落选址与格局

1. 文物保护单位

镇山村位于花溪水库边上的一处三面环水、一面靠山的半岛上，与南侧的李村、东侧的天鹅村隔水相望。李村的居民是原镇山村村民搬迁而形成的村寨，当地人称河岸上造型奇特的山为半边山，村内有关于半边山的许多美好传说，山上埋葬着镇山村班李氏始祖李仁宇之墓；天鹅村临水悬崖后面的山顶上，埋葬着班李氏始祖李仁宇儿子武德将军之墓。

镇山村面水靠山而建，村寨的东、南、北三面环水，西靠牛山，是典型的半岛型村寨。通往村外的道路包括依托花溪水库的水路和陆路，传统的水路主要是村民渡船过河前往李村进行日常农耕劳作，常用的陆路通道是位于村寨北侧悬崖上的岩石道路，道路一侧悬崖峭壁，下临花溪水库，是镇山村天然的防御屏障。

村寨以修建于明朝时期的屯墙为界分为上下两寨，上寨位于村寨北部的城墙之内，下寨位于村寨南部的城墙之外。屯墙以北为上寨，上寨是镇山村早期防御外敌的核心区域，寨内传统建筑以武庙为中心整体呈向心布局，一户一院的木结构、石板坡屋顶的三合院民居院落顺应等高线布置，以北寨门至南寨门之前的巷道为轴线，巷道西南侧的三合院民居建筑坐西南朝东北靠山而建，建筑群之间垂直等高线拾阶而上的爬山巷是上寨村寨肌理的主要构架元素；南寨门、北寨门是镇山村通往外界的空间节点；屯墙以南为下寨，下寨原址位于现下寨南侧的花溪水库水底，1958年修建花溪水库，下寨村民分为两部分，一部分迁往对岸李村，一部分在原址基础上上移至屯墙之下形成现在的下寨。下寨建筑整体布局上以坐北朝南、背山面水为主。位于中心的四组建筑是利用水库淹没的原建筑的构建重组的方式修建而成，受地形空间的布局影响，建筑布局上没有采取传统的三合院布局形式，而采取联排拼接、一排多户的布局。排屋前面长条形、规整石块铺砌的场地作为排屋院坝和联系通道。下寨的街巷格局以北起南寨门、南至码头的石头古巷为主要骨架，古巷位于排屋的西侧，连接古巷以西的建筑的通道直接与古巷呈锐角相接，直接连接古巷东侧的是寨中心位置的排屋建筑，排屋往东的建筑通过排屋门前的院坝进行连接（图3-1-2）。

图3-1-2 镇山村选址格局分析图

第二节　花溪区镇山村物质文化遗产

一、文物保护单位

镇山村现有16处文物点（表3-2-1），包括两个部分：一是1995年贵州省人民政府公布的镇山村古建筑群省级文物保护单位，包括2处文物点（镇山武庙、镇山屯墙）；二是2008年第三次全国文物普查确定的14处未核定等级的文物点，均为传统民居建筑（表3-2-1、图3-2-1）。

贵阳市花溪区镇山村文物点一览表　　　　　　　表3-2-1

序号	名称	年代	类别	级别	地址
1	镇山武庙	明	古建筑	省级文保单位文物点	花溪区石板镇镇山村上寨
2	镇山屯墙	明	古建筑	省级文保单位文物点	花溪区石板镇镇山村上寨
3	班有云宅	清	古建筑	三普文物点	花溪区石板镇镇山村上寨
4	班有海宅	清	古建筑	三普文物点	花溪区石板镇镇山村上寨
5	班家福宅	清	古建筑	三普文物点	花溪区石板镇镇山村上寨
6	班家光宅	清	古建筑	三普文物点	花溪区石板镇镇山村上寨
7	李五俊宅	清	古建筑	三普文物点	花溪区石板镇镇山村上寨
8	班士莱宅	清	古建筑	三普文物点	花溪区石板镇镇山村下寨
9	班士端宅	清	古建筑	三普文物点	花溪区石板镇镇山村下寨
10	龙长富宅	清	古建筑	三普文物点	花溪区石板镇镇山村下寨
11	李士斯宅	清	古建筑	三普文物点	花溪区石板镇镇山村下寨
12	班士强宅	清	古建筑	三普文物点	花溪区石板镇镇山村下寨
13	李红兵宅	清	古建筑	三普文物点	花溪区石板镇镇山村下寨
14	班幺桃宅	清	古建筑	三普文物点	花溪区石板镇镇山村下寨
15	班良方宅	清	古建筑	三普文物点	花溪区石板镇镇山村下寨
16	班有平、班有道宅	清	古建筑	三普文物点	花溪区石板镇镇山村下寨

二、传统建筑

（一）传统建筑分布情况

经过调研分析统计，截至2022年8月，镇山村研究范围内共有227栋建筑，其中，有1栋省级文物保护单位文物点本体、14栋三普文物点、121栋传统建筑，占总建筑数量的

图3-2-1　镇山村古建筑群文物保护单位文物本体及三普文物点分布平面示意图

60%（图3-2-2）。传统建筑以就地取材的石材应用为主要特色，形成石板屋顶、石墙、铺石院坝的石板屋景观，建筑结构为穿斗式木结构，建筑墙体围合材料大量使用规则石板，屋顶大量使用不规则石板，村民的日常用具如水缸等也多是石制用品，与当地盛产石材的资源特点有很大关系。

　　镇山村的传统建筑包括公共建筑和民居建筑，村寨内含1栋公共建筑——武庙、135栋民居建筑。村子以古屯墙为界，分为上寨和下寨，上寨、下寨的传统民居建筑布局和形制特征有明显区别。民居建筑包括两种典型的平面布局样式，一种是一户一院的三合院民居单元，分布在上寨和下寨局部范围，这也是镇山最主要的建筑平面布局方式；另一种是多户联排的排屋民居单元，主要分布在下寨，最为典型的排屋是分布在下寨中部的四栋长排屋。

（二）上寨三合院民居建筑群

　　屯墙内上寨的传统民居建筑形式以三合院为主，沿着鱼骨状的爬山巷，几十户三合院

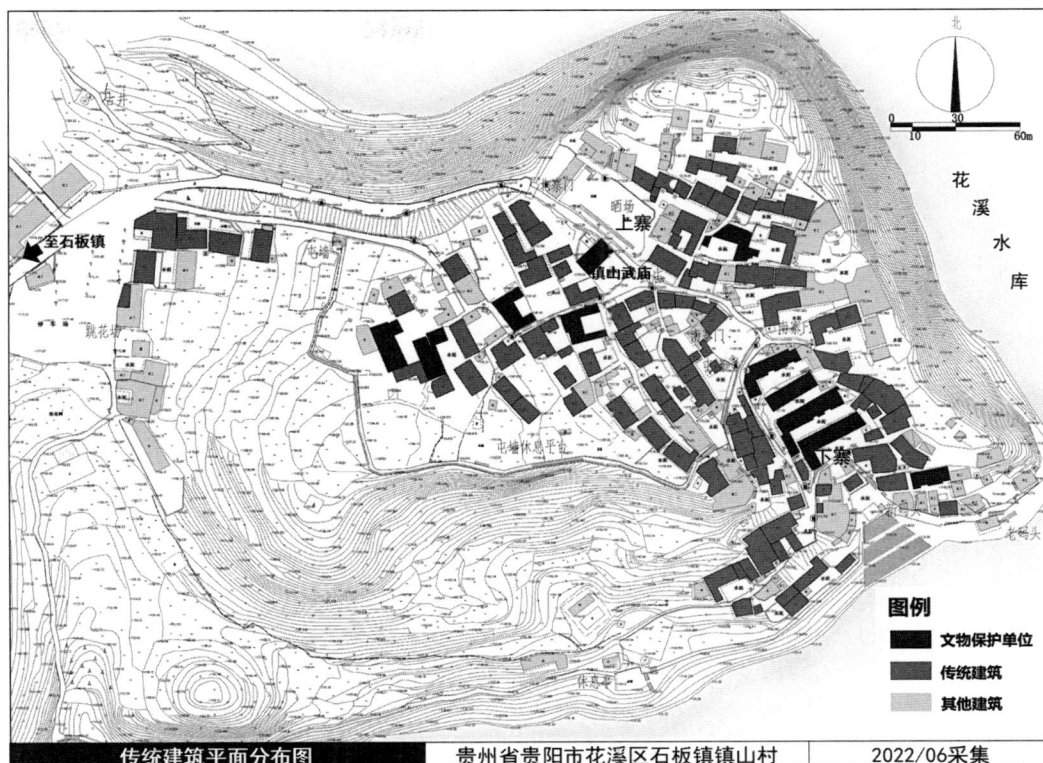

图3-2-2　镇山村传统建筑分布图

民居建筑垂直等高线布局，逐级抬高，以相对独立的合院建筑为构筑单元，分布在整个村寨中地势相对较高的位置。三合院的朝向顺应地形，采用穿斗式悬山顶形式，正屋三开间或五开间，朝向地势较低方向，明间设有吞口，正房两侧或一侧配有厢房，门开往巷子，均有一定侧角，俗称"歪门斜道"，正屋明间大门和院落朝门都配有独特的腰门，建筑屋顶采用不规则石板盖顶，墙体多采用规则石板嵌入木结构屋架（图3-2-3）。

（三）下寨排屋民居建筑群

屯墙以外的下寨传统民居建筑多以联排布局的排屋形式为主，1958年因修建花溪水库，经历过一次民居异地搬迁，目前存在的四幢联排民居建筑，顺应等高线连续布局，联排长度超过30米，由3～4栋三开间的民居建筑联续排列组合而成。每一栋之间没有间距，包括明间和次间，明间有吞口，形态类似上寨建筑，建筑朝向高低顺应地形朝向，联排民居房前有通长的石板院坝，形成几户公用的长条形庭院（图3-2-4）。

图3-2-3 镇山村上寨传统民居建筑群

图3-2-4 镇山村排屋民居文化空间（来源：张永吉 摄，1995年）

（四）公共建筑

镇山村内的公共建筑只有一处，即镇山武庙，始建于明万历年间（1573～1620年），镇山武庙坐落于屯墙内侧上寨爬山巷的巷口外位置，与晒场相邻，平面布局为四合院形式，建筑坐北朝南，占地范围约有500多平方米，现存正殿，建筑结构为木结构穿斗式，屋顶为小青瓦歇山顶，与镇山村的其他民居建筑相比，武庙建筑的墙体围合材料和屋顶材料都没有使用石板，武庙正殿内供奉有关羽像，该建筑是全村唯一的公共建筑，村民在此开展祭祖、议事等活动（图3-2-5）。

（五）传统建筑的本土化营建材质与构造特点

1. 石材的使用

镇山村传统建筑的营建中大量运用了石材，从防御功能的屯墙、寨门、巷道到建筑院落铺装、屋顶、墙壁，还有各家使用的生活器皿如石水缸、石猪槽、石碓等，无疑都彰显着镇山村对石材使用方式、营造技术的极致手段。不同位置对原材料的规格、样式等也不一样，民居大多以条石铺巷、块石砌墙、片石盖瓦的建造模式[16]。院坝铺地采用方形、

图3-2-5　镇山村武庙

长方形石块错缝铺贴；院坝与房屋之间有高差，形成台基，台基立面为规格较大、看面规整的五面石砌筑而成；正房山墙、厢房背面等地方与地势形成高差的地方，一般使用规格相对较小的五面石块以毛石砌筑的方式垒砌至房屋室内地坪高度位置后与木柱衔接；院坝与建筑之间的台阶为整块条石；部分墙面采用大块面块石镶嵌在木构件之间，形成石板壁；镇山村最为壮观的要数片石当瓦铺盖的悬山式石板坡屋顶，运用村寨周边开采的层层揭开的薄厚基本均匀、平整的大石板当瓦片铺盖（图3-2-6）。

2. 木材的使用

木材主要运用于建筑主体结构，木材在镇山村寨的建筑中，主要使用在整体构架、门窗、细部装饰构建等方面。屋顶椽皮尺寸、间距与石板盖面的尺寸相关，一般板椽宽度为80～150毫米不等，而椽间距以房屋使用的石板的尺寸而定，各家尺度有所不同，符合受力条件即可。屋檐部分的穿枋一直延伸到二边尾柱（檐柱）之间，其上拼合一条挑枋，以撑挑檐檩。檐口及边尾的中央高度在1米之上，出挑深远，而下不斜撑。挑檐檩处有随檩枋，枋和梁头的衔接处为雀替，整体造型呈蝴蝶形，相对于其他部件以自然造型为主，雀替非常细腻，面上隐刻着蝴蝶翅膀纹理，整体轮廓造型极其丰富圆滑。[17]镇山村最为精致和

图3-2-6 镇山村民居建筑中的石墙石瓦（来源：杨安迪 摄）

讲究的要数木雕装饰纹样的运用，镇山村的木雕工艺精湛、文化底蕴丰厚，是镇山文化的重要体现。木雕在镇山村被广泛运用在传统民居建筑细部装饰、重要公共建筑细部装饰、室内家具摆件上。民居建筑细部木雕图案装饰主要分布在门窗、斗栱、房梁、雀替、屋脊等位置，特别是门窗部分的装饰纹样简洁典雅，形式上包括风景花鸟、吉祥纹样、几何图样、其他福禄寿的吉祥图案等；重要公共细部装饰的运用主要体现在武庙建筑上，重点体现在武庙正殿的木雕屋脊、隔扇和柱子之上，线条流畅、雕刻精美的镂空木雕图案的屋脊是武庙的标志性特点，明间正面的两根柱子上的倒挂木雕狮子栩栩如生（图3-2-7、图3-2-8）。

三、历史环境要素

历史环境要素是指村落中反映历史风貌的石阶、铺地、围墙、驳岸、古井、古树名木等[18]。镇山村的历史环境要素包括上寨古巷道（包括若干支巷）、下寨古巷道（包括若干支巷）、北寨门（含屯墙）、南寨门（含屯墙）、古码头、寨头古井、古树（3处）等（图3-2-9）。

图3-2-7　镇山村民居隔扇门

图3-2-8 镇山村传统民居室内家具摆件

图3-2-9 镇山村历史环境要素平面分布图

第三节　花溪区镇山村非物质文化遗产

一、非物质文化遗产定义

根据《中华人民共和国非物质文化遗产法》规定，非物质文化遗产指各族人民世代相传并视为其文化遗产组成部分的各种传统文化表现形式，以及与传统文化表现形式相关的实物和场所，包括：传统口头文学以及作为其载体的语言；传统美术、书法、音乐、舞蹈、戏剧、曲艺和杂技；传统技艺、医药和历法；传统礼仪、节庆等民俗；传统体育和游艺；其他非物质文化遗产。

二、镇山村非物质文化遗产

与镇山村相关的非物质文化遗产共计24项，含国家级非物质文化遗产2项、省级非物质文化遗产4项、市级非物质文化遗产4项、区级非物质文化遗产7项、待认定级别非物质文化遗产7项。包括传统技艺类、传统美术类、传统舞蹈类、传统戏剧类、传统音乐类、民间文学类、民俗类共7个项目类别。其中，传统技艺类6项，包括印染技艺、石雕技艺、花溪地区布依族竹编工艺、乌米饭制作技艺、石板建筑建造技艺、木雕技艺；传统美术类1项，即布依族刺绣；传统舞蹈类1项，即花溪芦笙花鼓舞；传统戏剧类1项，即花溪大寨地戏；传统音乐类2项，包括花溪区苗族、布依族唢呐音乐、花溪木叶吹奏；民间文学类3项，包括花溪区布依族叙事歌、班李氏族谱文化、花溪区布依族古歌；民俗类10项，包括布依族服饰、布依族"六月六"、花溪区苗族跳场、苗族"四月八"、花溪地区布依族丧葬习俗、花溪地区布依族头饰、布依族传统婚俗、布依语文化、赶圩文化、军屯文化。

第四节　花溪区镇山村保护发展历程

一、因修建花溪水库的村寨搬迁（1958年）

镇山村的保护历程最早可追溯到1958年花溪水库建库时的异地搬迁工作，当时居住在原花溪河岸边的下寨村民搬迁至上寨屯墙以南位置，即为现在所称下寨，村民在异地保护搬迁下寨时，采用了对原建筑构件编号拆装重组的方式进行，保持了原有的建筑风貌和材料构造特征，只是在建筑平面布局上根据地形有所改变，将原三合院形制演变成只有正房联排组成的排屋建筑。

二、贵州镇山民族文化保护村（1993 年）

1993年，贵州省文化厅、贵阳市花溪文体广电旅游局组成的调查组对花溪区石板镇镇山村的文化遗存进行了一系列基础调查，该调查报告呈报给贵州省人民政府后，贵州省人民政府正式批准镇山村为"民族文化保护村"（省府办函〔1993〕178号），同年底贵州省文化厅拨专款对镇山村的民族文化遗产和村容村貌开展了一系列抢救性保护和整治行动。

三、镇山露天民俗博物馆（1994 年）

1994年镇山村被正式确立为民俗文化保护村，开始建立镇山露天民俗博物馆，其思路是集中贵州的民族建筑精品在镇山展出，以镇山为依托开展民俗表演活动。同年，贵阳市花溪区政府确定了"四点一线"旅游发展策略（花溪、小山峡、镇山和天河潭），将镇山村列为花溪四个重要景点之一（图3-4-1）。

图3-4-1　镇山村下寨临花溪水库景象

四、贵州省省级文物保护单位（1995 年）

1995年7月7日，贵州省人民政府"黔府函〔1995〕116号"文件将镇山村公布为省级文物保护单位，包括镇山屯墙、镇山武庙2处文物点，同年省文化厅拨款10万元对镇山武庙进行加固维修，并对镇山的保护问题明确提出了工作思路：①文化保护与脱贫致富相结合；②文化保护与提高贵州知名度相结合；③文化保护与旅游发展相结合。10月举办了镇山历史文化展，展厅设在武庙。

五、花溪镇山布依族生态博物馆（2000 年）

花溪镇山布依族生态博物馆经历了自1995年起的初次考察、再次考察、意向选择等过程之后，于2000年在中挪签订《奥斯陆协议》之后正式成为中国首批中挪合资的生态博物馆之一，同年编制完成《中国·贵州镇山布依族生态博物馆保护规划》（图3-4-2），开始建设资料信息中心建筑，并进行遗产调查工作。镇山布依族生态博物馆资料信息中心于2002年7月竣工，7月15日（农历六月六，镇山村布依族传统节日），镇山生态博物馆资料信息中心建筑落成开馆并举办展览。2002年还成立了贵州镇山生态博物馆实施领导小组。2005年6月，"中挪贵州生态博物馆项目研究研讨会暨生态博物馆国际论坛"圆满召开[19]。

六、贵州省省级历史文化名村（2009 年）

《贵州省人民政府关于公布第三批省级历史文化名镇和第一批省级历史文化名村名单的通知》（黔府发〔2009〕29号）文件将花溪区石板镇镇山村在内的18个村列为省级历史文化名村，并提出以下保护要求：历史文化名镇（村）是不可再生的珍贵资源。各地各有关部门要充分认识保护历史文化名镇（村）的重要性，按照《历史文化名城名镇名村保护条例》（国务院令第524号，以下简称《条例》）的规定，科学规划，严格保护，保持和延续历史文化名镇（村）的传统格局和历史风貌，维护历史文化遗产的真实性和完整性，继承和弘扬民族优秀传统文化，正确处理经济社会发展和历史文化遗产保护的关系。历史文化名镇（村）所在地县级人民政府要按照《条例》规定组织编制历史文化名镇（村）保护规划，按程序报批。省住房和城乡建设厅要会同省文物局加强对保护规划实施情况的监督检查，促进我省历史文化名镇（村）保护与城市经济社会的协调发展[20]。并于2010年，委托贵州省城乡规划设计研究院编制《贵阳市花溪区石板镇镇山村历史文化名村保护规划》。

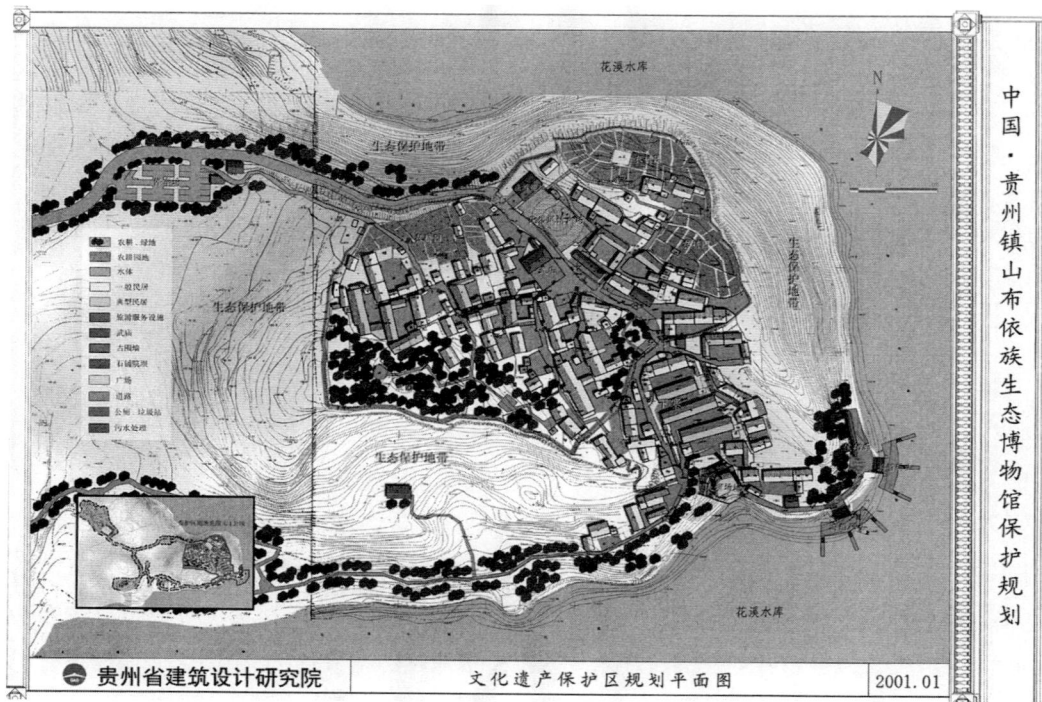

图3-4-2 镇山布依族生态博物馆文化遗产规划区平面图
（来源：《中国·贵州镇山布依族生态博物馆保护规划》）

七、中国传统村落（2012年）

《住房和城乡建设部 文化部 财政部关于公布第一批列入中国传统村落名录村落名单的通知》建村〔2012〕189号文将贵阳市花溪区石板镇镇山村大寨在内的646个村落列入第一批中国传统村落名录。并同步下发《住房和城乡建设部 文化部 财政部关于加强传统村落保护发展工作的指导意见》建村〔2012〕184号文件，文件中对传统村落提出定义：传统村落是指拥有物质形态和非物质形态文化遗产，具有较高的历史、文化、科学、艺术、社会、经济价值的村落。传统村落承载着中华传统文化的精华，是农耕文明不可再生的文化遗产。传统村落凝聚着中华民族精神，是维系华夏子孙文化认同的纽带。传统村落保留着民族文化的多样性，是繁荣发展民族文化的根基。但随着工业化、城镇化的快速发展，传统村落衰落、消失的现象日益加剧，加强传统村落保护发展刻不容缓[21]。

2013年委托贵州省城乡规划设计研究院编制《花溪区石板镇镇山村传统村落保护与发展规划（2013-2023）》。该规划遵循人与自然的整体性原则，注重村民参与，注重保护地域特色，注重可持续发展，近期规划至2018年，远期规划至2023年。规划对各类资源的特征进行了详细分析，分级分类确定保护对象和保护范围，根据不同类型传统资源的保护需求制定保护要求和保护传承措施。妥善处理好改善村民生产生活条件与保持村落整体风貌、延续传统生活的关系，并明确保护发展规划的实施机制。该规划在集中反映村落保护价值的重点地段达到了修建性详细规划深度，典型传统建筑的修复整治达到了建筑设计方案深度，对镇山村风貌的延续性保护起到了积极作用，遏制了村寨民居的无序建设。

八、中国少数民族特色村寨（2017 年）

《国家民委关于命名第二批中国少数民族特色村寨的通知》民委发〔2017〕34号文将含贵州省贵阳市花溪区石板镇镇山村在内的717个村寨列为第二批"中国少数民族特色村寨"。文件还对"中国少数民族特色村寨"具体工作提出以下要求：抓紧开展第二批中国少数民族特色村寨命名挂牌工作，依照首批中国少数民族特色村寨牌匾样式（民委发〔2014〕190号　附件2）要求，统一制作、颁发牌匾；民族自治地方的中国少数民族特色村寨的牌匾，按照国家有关法规制发，可以同时印制当地通用的少数民族文字；各地要以此次村寨命名挂牌为契机，按照《命名挂牌意见》有关要求，巩固成果，再接再厉，进一步加强和规范特色村寨保护与发展工作，不断提升特色村寨的品质，做好特色村寨的考核验收和日常管理工作。同时，加大宣传推介力度，宣传党的民族政策和好的村寨典型，扩大少数民族特色村寨知名度，更好地发挥示范和辐射作用；要积极争取地方各级党委、政府对少数民族特色村寨保护与发展工作的支持，加大资金整合力度，齐抓共管、合力推进；要加强特色村寨中长期保护发展规划的编制和实施工作，保持民族特色，促进特色村寨可持续发展[22]。

九、2018 年度贵州省中国传统村落保护发展示范村（2018 年）

经地方申报、全省竞争评选，2018年6月《关于2018年全省传统村落示范村保护发展实施方案编制和备核的通知》将含贵阳市花溪区镇山村在内共有首批15个传统村落列入"2018年贵州省中国传统村落保护发展示范村"名单。

2019年，花溪区住房和城乡建设局组织编制了《石板镇镇山村传统村落示范村保护发展项目实施方案》，开展了为期两年的建设，于2022年通过了省级验收评估，积累了花溪镇山艺术家村建设经验。

十、中国历史文化名村（2019 年）

　　《住房和城乡建设部　国家文物局关于公布第七批中国历史文化名镇名村的通知》建科〔2019〕12号文将含贵州省贵阳市花溪区石板镇镇山村在内的211个村列为第七批中国历史文化名村。并对历史文化名村的保护提出以下要求：各地要以习近平新时代中国特色社会主义思想为指导，认真贯彻落实党的十九大和十九届二中、三中全会精神，把中国历史文化名镇名村（以下简称名镇名村）保护与改善镇村人居环境和弘扬中华优秀传统文化有机结合。要理顺名镇名村保护工作机制，完善保护管理规定，切实做好名镇名村保护规划编制、实施的指导和监督管理工作，坚决杜绝违反保护规划的建设行为，严禁将历史文化资源整体出让给企业用于经营。住房和城乡建设部、国家文物局将对名镇名村保护工作开展评估检查，对保护不力致使名镇名村历史文化价值受到严重影响、历史遗存遭到破坏的，将依据《历史文化名城名镇名村保护条例》有关规定进行查处[23]。

第四章

镇山村布依族特色村寨文化空间识别与解析

第一节　镇山村文化空间识别结果

一、镇山村文化表现形式及文化空间单元清单及对应关系

（一）镇山村文化表现形式清单

经对花溪区镇山村的非物质文化遗产进行识别鉴定，其非物质文化遗产文化表现形式共计有24项。其中，布依族服饰、布依族刺绣2项非物质文化遗产表现形式属于国家级非物质文化遗产代表性项目名录；花溪大寨地戏、布依族"六月六"等4项非物质文化遗产表现形式属于贵州省省级非物质文化遗产名录；花溪区布依族叙事歌、印染技艺等4项非物质文化遗产表现形式属于贵阳市市级非物质文化遗产名录；花溪区布依族古歌、花溪地区布依族丧葬习俗等7项非物质文化遗产表现形式属于贵阳市花溪区区级非物质文化遗产名录，另有含石板建筑建造技艺、布依族传统婚俗在内的7项非物质文化遗产表现形式尚未列保（表4-1-1）。

贵阳市花溪区镇山村文化表现形式清单　　　　　表4-1-1

序号	代码	文化表现形式名称	类别	保护名录	保护名录批准时间
1	A1	布依族服饰	民俗	国家级第四批	2014年11月
2	A2	布依族刺绣	传统美术	国家级第五批	2021年6月
3	B1	花溪大寨地戏	传统戏剧	贵州省省级第五批	2019年6月
4	B2	布依族"六月六"	民俗	贵州省省级第三批	2009年10月
5	B3	花溪区苗族跳场	民俗	贵州省省级第二批	2007年5月
6	B4	苗族"四月八"	民俗	贵州省省级第二批	2009年1月
7	C1	花溪区布依族叙事歌	民间文学	贵阳市市级第一批	2007年1月
8	C2	印染技艺	传统技艺	贵阳市市级第六批	2020年12月
9	C3	石雕技艺	传统技艺	贵阳市市级第六批	2020年12月
10	C4	花溪芦笙花鼓舞	传统舞蹈	贵阳市市级第三批	2013年11月
11	D1	花溪区布依族古歌	民间文学	花溪区区级第一批	2007年9月
12	D2	花溪地区布依族丧葬习俗	民俗	花溪区区级第一批	2007年9月
13	D3	花溪地区布依族竹编工艺	传统技艺	花溪区区级第一批	2007年9月
14	D4	花溪区布依族头饰	民俗	花溪区区级第一批	2007年9月
15	D5	花溪区苗族、布依族唢呐音乐	传统音乐	花溪区区级第一批	2007年9月

续表

序号	代码	文化表现形式名称	类别	保护名录	保护名录批准时间
16	D6	花溪木叶吹奏	传统音乐	花溪区区级第二批	2019年3月
17	D7	乌米饭制作技艺	传统技艺	花溪区区级第三批	2020年6月
18	E1	石板建筑建造技艺	传统技艺	—	—
19	E2	布依族传统婚俗	民俗	—	—
20	E3	布依语文化	民俗	—	—
21	E4	班李氏族谱文化	民间文学	—	—
22	E5	赶圩文化	民俗	—	—
23	E6	军屯文化	民俗	—	—
24	E7	木雕技艺	传统技艺	—	—

（二）镇山村文化空间单元清单

经技术识别，镇山村文化空间有17项，包括2组古巷道文化空间（含上寨古巷道文化空间、下寨古巷道文化空间）、1处武庙文化空间、1处晒场文化空间、2类多处传统民居文化空间（含传统三合院民居文化空间、传统排屋民居文化空间）、1处跳花场文化空间、1处古屯墙文化空间、2处寨门文化空间（含北寨门文化空间、南寨门文化空间）、1处河滩文化空间、1处寨头古井文化空间、1处古银杏树文化空间、1处古码头文化空间、1处花溪水库文化空间、1处生态博物馆资料信息中心文化空间、1处牛山文化空间、1处花溪水库空间（表4-1-2）。

贵阳市花溪区镇山村文化空间单元清单　　　　表4-1-2

序号	文化空间单元名称	地点
1	上寨古巷道文化空间	上寨
2	下寨古巷道文化空间	下寨
3	武庙文化空间	上寨
4	晒场文化空间	上寨
5	传统三合院民居文化空间	上寨（多处）
6	传统排屋民居文化空间	下寨（多处）

续表

序号	文化空间单元名称	地点
7	跳花场文化空间	上寨以西
8	古屯墙文化空间	上寨
9	北寨门文化空间	上寨
10	南寨门文化空间	上寨
11	河滩文化空间	下寨
12	寨头古井文化空间	村寨以北
13	古银杏树文化空间	上寨
14	古码头文化空间	下寨
15	花溪水库文化空间	下寨以南
16	生态博物馆资料信息中心文化空间	上寨以西
17	牛山文化空间	上寨

（三）镇山村文化空间与文化表现形式对应关系

分析结果表明，镇山村的17处文化空间所承载的非物质文化表现形式包括24种（图4-1-1），文化空间和文化表现形式之间的对应关系呈现一对多、多对一和多对多的形式，例如，传统三合院民居文化空间所对应的文化表现形式多达18项；而寨内的17处文化空间单元所对应的文化表现形式均有以下5项：布依族服饰、布依族刺绣、花溪区布依族头饰、布依族"六月六"、布依语文化。

二、镇山村文化空间单元识别结果

经技术识别，镇山村布依寨范围内共有文化空间单元17处，各项文化空间的位置如图4-1-2所示。其中，传统三合院民居文化空间、传统排屋民居文化空间属于多发性文化空间单元，以传统民居建筑为载体，分布在村内各处。上寨古巷道文化空间、下寨古巷道文化空间为线性、连续性文化空间，依托村寨街巷空间存在，与寨门文化空间构成整个村寨格局主体骨架肌理。武庙文化空间是分布在寨中心，是寨内民族文化高度集中的空间。古树文化空间、古井文化空间分布村寨外围，是村寨与外围空间之间界定的标志之一（图4-1-3）。

文化空间单元		文化表现形式	
01 上寨古巷道文化空间		A1 布依族服饰	国家级
02 下寨古巷道文化空间		A2 布依族刺绣	国家级
03 武庙文化空间		B1 花溪大寨地戏	省级
04 晒场文化空间		B2 布依族"六月六"	省级
05 传统三合院民居文化空间		B3 花溪区苗族跳场	省级
06 传统排屋民居文化空间		B4 苗族"四月八"	省级
07 跳花场文化空间		C1 花溪区布依族叙事歌	市级
08 古屯墙文化空间		C2 印染技艺	市级
09 北寨门文化空间		C3 石雕技艺	市级
10 南寨门文化空间		C4 花溪芦笙花鼓舞	市级
11 河滩文化空间		D1 花溪区布依族古歌	区级
12 寨头古井文化空间		D2 花溪地区布依族丧葬习俗	区级
13 古银杏树文化空间		D3 花溪地区布依族竹编工艺	区级
14 古码头文化空间		D4 花溪区布依族头饰	区级
15 花溪水库文化空间		D5 花溪区苗族、布依族唢呐音乐	区级
16 生态博物馆资料信息中心文化空间		D6 花溪木叶吹奏	区级
17 牛山文化空间		D7 乌米饭制作技艺	区级
		E1 石板建筑建造技艺	
		E2 布依族传统婚俗	
		E3 布依语文化	
		E4 班李氏族谱文化	
		E5 赶圩文化	
		E6 军屯文化	
		E7 木雕技艺	

文化空间单元与文化表现形式对应连线图	贵州省贵阳市花溪区石板镇镇山村	2022/06采集

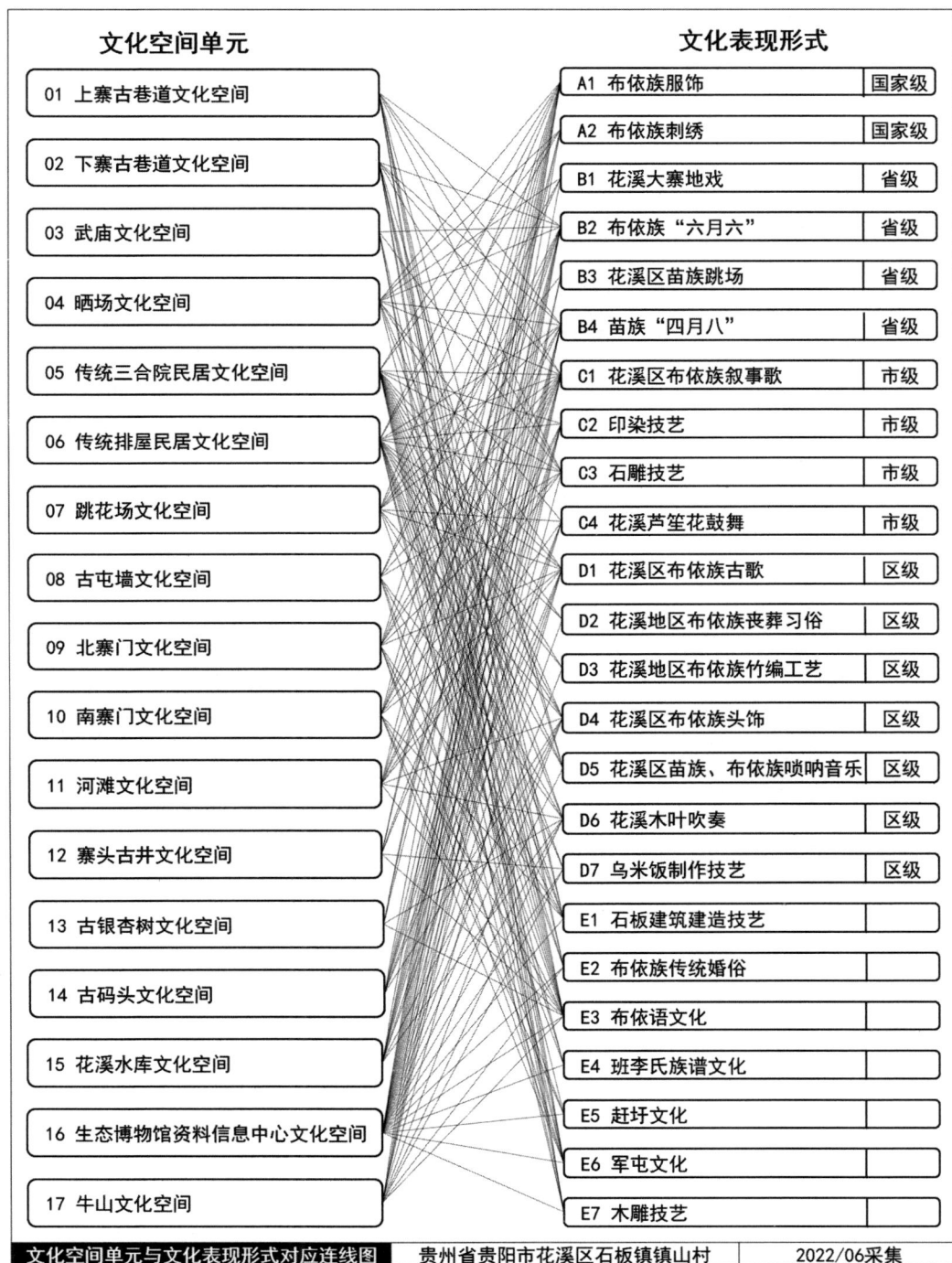

图4-1-1　镇山村文化空间单元与文化表现形式对应连线图

| 12 寨头古井文化空间 | 13 古银杏树文化空间 | 07 跳花场文化空间 | 03 武庙文化空间 | 09 北寨门文化空间 | 04 晒场文化空间 | 11 河滩文化空间 | 15 花溪水库文化空间 |

| 16 生态博物馆资料信息中心文化空间 | 05 传统三合院民居文化空间 | 01 上寨古巷道文化空间 | 08 古屯墙文化空间 | 17 牛山文化空间 | 02 下寨古巷道文化空间 | 10 南寨门文化空间 | 06 传统排屋民居文化空间 | 14 古码头文化空间 |

| 文化空间单元平面分布图 | 贵州省贵阳市花溪区石板镇镇山村 | 2022/06采集 |

图4-1-2 镇山村文化空间单元平面分布图

01 上寨古巷道文化空间	05 传统三合院民居文化空间	09 北寨门文化空间	13 古银杏树文化空间	17 牛山文化空间
02 下寨古巷道文化空间	06 传统排屋民居文化空间	10 南寨门文化空间	14 古码头文化空间	
03 武庙文化空间	07 跳花场文化空间	11 河滩文化空间	15 花溪水库文化空间	
04 晒场文化空间	08 古屯墙文化空间	12 寨头古井文化空间	16 生态博物馆资料信息中心文化空间	

文化空间单元鸟瞰分布图　｜　贵州省贵阳市花溪区石板镇镇山村　｜　2022/06采集

图4-1-3　文化空间单元鸟瞰分布图

第二节　镇山村文化表现形式解析

一、布依族服饰

布依族服饰有男便服、女便服、女子节日盛装、童装和妇女老人仙逝后入棺用的"菠萝衣"。其中，男装一般是布扣对襟衣，而做法、款式最为考究和精致的为女子节日盛装。女子节日盛装由服饰和银饰两个部分组成，服饰有头帕、绣花长裤、绣花衣服、绣花围腰、白衬衫等，银饰包括银手镯、银项圈、银戒指、银围腰链等。上衣为布扣大襟式样，领为旗袍式衣领，衣服长至膝盖以上，布扣布局为双排式且扣子的数量是双数八颗，预示着"要得发不离八"的古俗，衣服的上部有精美的绣花部件。衣服上的绣花部件宽一寸，长约二尺五寸。裤子为马裤型大腰长裤，绣花部件于裤脚上方约三寸的地方，裤型上窄下宽[24]。现在，镇山村民中常见的布依族传统服饰以老年人着装为主，年轻人大多在传统节日、婚宴酒席、丧葬仪式等场合才着传统服饰（表4-2-1、图4-2-1～图4-2-3）。

非物质文化遗产文化表现形式简况表（A1布依族服饰）　　　　表4-2-1

文化表现形式	代码	类别	名录批次	公布时间
布依族服饰	A1	民俗	国家级第四批	2014年11月

图4-2-1　布依族服饰：老年女性服饰（杨安迪 摄）

图4-2-2　布依族服饰：儿童服饰

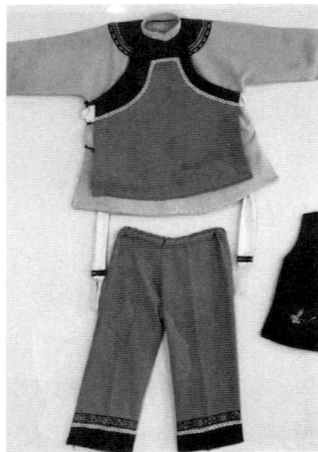

图4-2-3　布依族服饰：女便服

二、布依族刺绣

刺绣是镇山布依族人精致生活的重要体现，刺绣常用来装饰在衣服领口、裤脚、围腰、手帕、垫单、鞋面、婴儿背带等，其中，衣服上的绣花部件宽一寸，长约二尺五寸，位于衣服的上部，裤子的绣花部件位于裤脚上方约三寸的地方[24]。制作针法、刺绣花样无固定样本，全凭刺绣者自己"打样"，图样素材来源于村寨周边的自然要素如刺梨花、喇叭花、竹子、蝴蝶、小鸟等，刺绣者按照自己喜好、选取素材、绘制花样、按花样刺绣，也有不擅长"打样"的人，可相互借用打好的图样参照刺绣。镇山村的布依族刺绣技艺是以母传女学的方式传承下来的。刺绣的针法包括绣花、挑花，仅针法就有多种，常看到的有"平绣""贴绣""十字挑花""抽纱""窜花""辫子""缠绕""吊三针""滚边"等（表4-2-2、图4-2-4、图4-2-5）。

非物质文化遗产文化表现形式简况表（A2布依族刺绣）　　　　表4-2-2

文化表现形式	代码	类别	名录批次	公布时间
布依族刺绣	A2	传统美术	国家级第五批	2021年6月

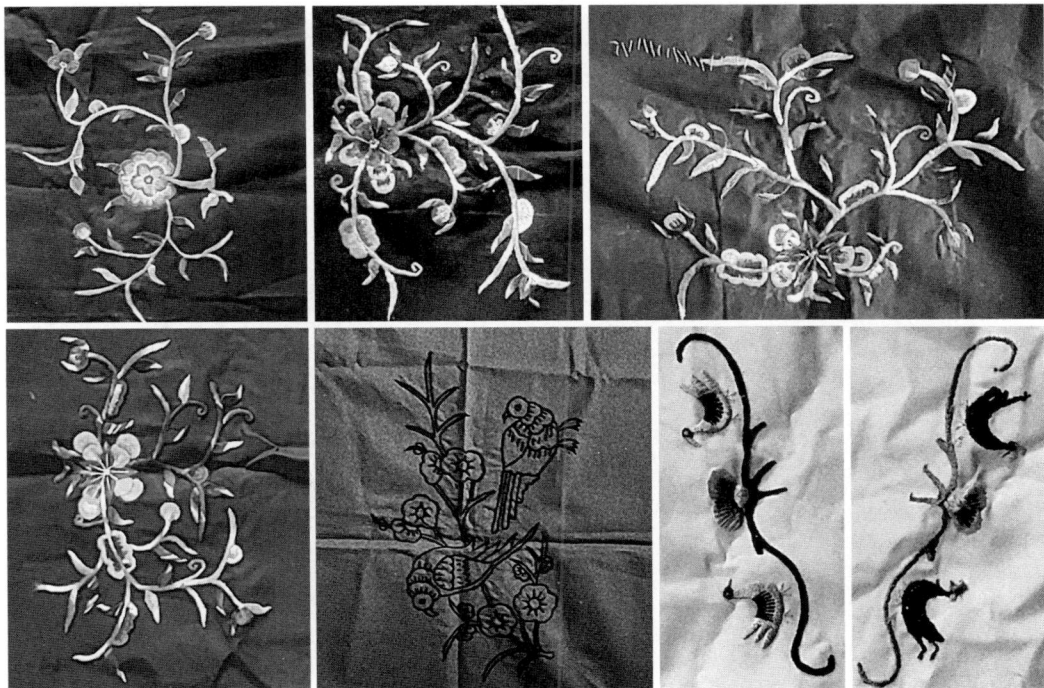

图4-2-4　布依族刺绣花样

图4-2-5 布依族刺绣品

三、花溪大寨地戏

花溪大寨地戏主要是从贵州平坝流入，最早始于清朝末年，有着漫长的形成和发展历史。大寨地戏是集说、唱、演（跳）为一体的大型综合艺术形式，已经成为包容文学、音乐、舞蹈、说唱、戏剧乃至民族认同、宗教信仰等各种艺术成分和文化意义的词语。大寨地戏艺术中的"说"，主要讲述的是历史故事、重大事件等。"唱"的内容，包含了民间故事、传说等，是反映汉族人民生活和社会风貌的百科全书。歌曲体裁有叙事歌；演唱方式既有独唱又有齐唱、对唱等；唱词讲究押韵，每两句为一段，并且加入乐器伴奏。"演"（跳）主要是舞蹈中的一种，舞蹈技巧丰富多彩，集体舞的队形组合、步伐步态，双人舞中的对持摇旗，单人独舞中的翻、爬、滚、打等，形态各异，变化层出不穷[25]。

花溪大寨布依族地戏以表演宋朝杨家将《杨六郎三下河东》为主要内容，歌颂杨家将精忠报国的爱国主义精神和英勇善战的民族英雄精神，其艺术表演刚中有柔，斗中有舞，对白以唱代言，演员戴各种彩色面具，穿各色长衫戏装，主帅和大将的面具饰有一对五尺羽翎，背牌都插有三角令旗五面，威风飘飘，聚贵州傩文化精华一剧，每次演出方圆数十里群众、万人以上赶来观看，共同欢度节日佳节，历经数百年，老百姓一直喜闻乐见，经久不衰。花溪大寨地戏以唱《杨六郎三下河东、九转河东》著名。每年正月初五开鼓演练，正月十五公开演出，正月十六举行扫场。

一锣一鼓伴奏，一人领唱众人舞，唱地戏时。空气中弥漫着高亢而乡土气息浓郁的百年老腔。头戴面具、身穿长衫的歌者和腰系战裙，背插靠旗，手持刀枪的舞者边歌边舞，用朴素的词调唱出一段段故事[26]（表4-2-3、图4-2-6、图4-2-7）。

非物质文化遗产文化表现形式简况表（B1花溪大寨地戏） 表4-2-3

文化表现形式	代码	类别	名录批次	公布时间
花溪大寨地戏	B1	传统戏剧	贵州省省级第五批	2019年6月

四、布依族"六月六"

镇山布依族的传统节日，也称为断秧日，为庆祝农忙时节暂时结束而设的节日，节日期间的活动包括各家包粽子、举行布依族歌会、古树祭拜等。传统的粽子为糯米粽，随着时代的变化，现在的粽子花样品种已变多，据寨内老人描述，常见的包括黑米粽、肉粥等；在晒场未修建之前，村民们在武庙门前搭台唱歌，晒场建成后，每年"六月六"的集

图4-2-6 花溪大寨地戏班子（来源：镇山生态博物馆资料信息中心 提供）

图4-2-7　镇山大寨地戏

体活动场地迁移到晒场，活动内容也从单一的布依对歌变成多样化活动，但布依族歌会仍然是里面最重要的内容；祭拜的古银杏树位于村口山上，现在已经被圈入村民院中，并且死亡（表4-2-4、图4-2-8）。

非物质文化遗产文化表现形式简况表（B2布依族"六月六"）　　表4-2-4

文化表现形式	代码	类别	名录批次	公布时间
布依族"六月六"	B2	民俗	贵州省省级第三批	2009年10月

图4-2-8　布依族"六月六"布依歌会（来源：镇山生态博物馆资料信息中心　提供）

五、花溪区苗族跳场

苗族跳场是镇山村的传统民族活动，每年正月初九开场，初十、十一正式跳场，正月十三扫场。苗族跳场的场地在镇山经过三次迁移：花溪河河坝（寨南）→山坡（寨外）→跳花场（寨北）。活动举行期间周边村寨的苗族都会赶来跳场，前来观看跳场的人也很多，参加人员可达上万人。

镇山村是以布依族为主、杂居18户苗族的村寨，苗族的传统节日在寨内得以延续多年且规模较大，是因为镇山的苗族跳场活动承载着一段镇山村的古老故事。相传其五世祖班国和是府上的游击将军，在广顺羊角屯剿匪被俘，布依人几次营救都未成功，请苗人相助，苗人用芦笙歌作为暗语成功将其救出。自此以后，为了感谢苗人的救命之恩，布依族人每年都要提供场地，请苗人到村寨吹笙跳场。

　　镇山村寨的苗族跳场具体活动内容包括开场、立花树、踩场、跳场、扫场等环节。正月初九，寨内的人就要在"跳场"的场子中央立着丈余高的花树，上挂标语条幅，标语内容类似"国泰民安"等；正月初十、十一两天正式跳场，先是两个男子单骑马绕花树转三圈，布依族、苗族，女子身着艳丽的绣花衣裙，男子穿着民族服装，吹笙跳舞。然后男女青年绕树吹笙唱歌，如此欢歌载舞三天三夜[27]。

　　苗族跳场的最后是扫场环节。村寨内的长老把酒、茶、猪肉等祭祀用品摆在花树下，并在花树四周提前放好的白萝卜蜡台上点香、烧钱化纸，以此祭奠牛王、祈求神明护佑、祈愿风调雨顺、国泰民安、五谷丰登、六畜兴旺等。然后由场主带领三四名小孩子芦笙手入场，围着花树顺时针三圈、逆时针三圈的边吹芦笙、边祭拜，还要燃放鞭炮祭祀。祭祀结束，长老把花树放下，上面的树叶分由寨里各家各户争相抢夺，象征着来年一年的好运气，长老再把祭祀的肉分给在场的小孩，希望他们活泼可爱，身体健康。把茶和酒分给老人和在场的朋友，希望大家得到神灵的保佑（表4-2-5、图4-2-9）。

非物质文化遗产文化表现形式简况表（B3花溪区苗族跳场）　　　　表4-2-5

文化表现形式	代码	类别	名录批次	公布时间
花溪区苗族跳场	B3	民俗	贵州省省级第二批	2007年5月

图4-2-9　花溪区跳花场（来源：镇山生态博物馆资料信息中心 提供）

六、苗族"四月八"

镇山村苗族、布依族的传统节日，家家户户做乌米饭，将制作好的乌米饭、鹅蛋、腊肉等美食装进绿色、红色、黄色等各种彩色的竹编花饭篓里，各家孩子提着花饭篓过河爬山到户外山上，相互分享自家美食，俗称"包饭过河"（表4-2-6）。

非物质文化遗产文化表现形式简况表（B4苗族"四月八"）　　　表4-2-6

文化表现形式	代码	类别	名录批次	公布时间
苗族四月八	B4	民俗	贵州省省级第二批	2009年1月

七、花溪区布依族叙事歌

歌谣作为一种重要的民间文学样式，在苗布民族文化生活中间同样占有相当突出的地位。在这些歌谣中，情歌所占比重较大，对歌是青年男女恋爱的主要方式，恋人们以歌代表、借歌传情。对歌最先是唱《赞美歌》，接着是女问男答的《盘歌》，有《盘花歌》《盘古歌》《盘八仙》等；唱到高潮处是《情歌》，这时男子转答为问。经过如此一段时间的对歌了解后，男方家才请人上中意的姑娘家提亲[15]。除此之外还有更多更好的类似歌谣，如布依族的《筷子歌》《亲家歌》《消夜歌》《敬酒歌》《藏礼词》《竖房词》等，各类歌谣丰富了他们的文化生活。

镇山村的青山绿水养育了世代居住的布依族同胞，哺育了布依族的文化，给布依族叙事歌带来了灵性……

半边山隔水相望，为布依族叙事歌的传承提供了生态空间，这山山水水也给布依族叙事歌带来了灵性，在祖国大家庭里，布依族和各兄弟民族一样，有着悠久的历史和丰富多彩的民间文学。这些珍贵的民间文学遗产，是布依族人民在历史的长河中，以本民族丰富的语言，世世代代口头创作，口口相传下来的。她绚丽多姿，为整个中华民族古老灿烂的文化增添了奇光异彩，是中华民族文学宝库中的一颗瑰丽的明珠。布依族民间文学，有神话、古歌、传说、故事、叙事诗、歌谣、童话、寓言、戏剧等。布依族叙事歌是以布依族古歌调唱诵的[28]。

花溪布依族叙事歌是布依族古歌种类之一，唱词主要有哲人箴言、先知告诫、民间故事、地方传说等，并以独唱、对唱、齐唱等形式进行表演，是布依族口头文学的精华。大街小巷、村村寨寨、村镇集市、车上、火边，都飘荡着布依族叙事歌的动人旋律。叙事歌与民间礼仪息息相关，与布依族人生死相依。花溪布依族古歌调的萌生、发展和最终形成，经历了漫长的历史过程，与布依族的民族史、文化史一同演进。它全面、完整、生动地体现了这一民族、地区的文化传统[29]（表4-2-7、图4-2-10）。

非物质文化遗产文化表现形式简况表（C1花溪区布依族叙事歌）　　　表4-2-7

文化表现形式	代码	类别	名录批次	公布时间
花溪区布依族叙事歌	C1	民间文学	贵阳市市级第一批	2007年1月

图4-2-10　花溪区布依族叙事歌喜事对歌（来源：杨安迪，时间：2021年10月）

八、印染技艺

印染基础是镇山村制作传统服饰的前期准备工作，从纺纱织布到印染成布，其基本程序包括纺纱—织布—染色—上浆—曝晒—打磨—浸染—漂洗等。印染通常选择在夏季进行，夏季适合天然植物染料采摘、布料曝晒等。镇山的印染采用刺梨根打磨的浆液进行浆洗，仅浆洗曝晒工序就需要反复6次才能完成，浸染过程会拿到村寨南侧河岸边上染坊进行。印染的布料有以青蓝色为主的毛蓝布、深蓝布等，也有当地人称的果子巾、十样锦等花色布样（表4-2-8、图4-2-11）。

非物质文化遗产文化表现形式简况表（C2印染技艺）　　　表4-2-8

文化表现形式	代码	类别	名录批次	公布时间
印染技艺	C2	传统技艺	贵阳市市级第六批	2020年12月

图4-2-11　印染技艺（来源：花溪区文旅局 提供）

九、石雕技艺

镇山村的石雕技艺主要运用在公共建筑、日常生活器皿、墓碑之上。石雕技艺在建筑上的体现最具有代表性的体现是在武庙的阶沿石，其雕刻图案精致；常见的石水缸、石猪槽、石碓等日常生活用具，一般用整石雕刻，犹如浑然天成，曾经的镇山村每户必备的石头器皿；墓碑碑刻是石雕至今仍然传承较好的一种（表4-2-9、图4-2-12）。

非物质文化遗产文化表现形式简况表（C3石雕技艺）　　　表4-2-9

文化表现形式	代码	类别	名录批次	公布时间
石雕技艺	C3	传统技艺	贵阳市市级第六批	2020年12月

图4-2-12　镇山村石雕

十、花溪芦笙花鼓舞

花溪芦笙花鼓舞是苗族传统舞蹈，吹起芦笙又打鼓，苗族的芦笙舞是年轻男子对年轻姑娘表达爱意的一种方式，跳三圈或五圈（一般为单数），可跳一场后聊天、嬉笑打闹，之后又再跳（表4-2-10、图4-2-13）。

非物质文化遗产文化表现形式简况表（C4花溪芦笙花鼓舞）　　表4-2-10

文化表现形式	代码	类别	名录批次	公布时间
花溪芦笙花鼓舞	C4	传统舞蹈	贵阳市市级三批	2013年11月

图4-2-13　花溪芦笙花鼓舞（来源：镇山生态博物馆资料信息中心 提供）

十一、花溪区布依族古歌

花溪区自古以来就是多民族聚居之地，多种文化相互撞击交融，留下了丰厚的民族文化积淀。布依族古歌调有着漫长的形成和发展历史，是原江浙一带的少数民族音乐与贵州本土民间音乐相结合而形成的。它经历了一个发展期—形成期—成熟期—盛行期—衰落期相连的"抛物线"过程。

花溪布依族古歌调的内容比较丰富，主要分为情歌、时政歌、风俗仪式歌、猜歌等。其中情歌又分为交情歌、抒情歌、爱情歌等；风俗仪式歌又分为筷子歌（结婚时用）、孝歌、立房歌等。

布依族古歌调传承是非家族性的，在传承过程中，以自愿为特征，传承模式多为社会性松散型。绝大多数歌唱者因自身爱好，业余参加活动，以自娱为目的。花溪布依族古歌调少有纯粹的"一脉相承"，而是呈网状的交织传承。花溪布依族古歌调是花溪布依族人民生活中不可或缺的组成部分，伴随着他们的降生、成长、死亡。这种与生俱来的对古歌的热爱，造就了一些技艺高超的民间艺人和传承人，如陈荣江、陈永清（表4-2-11、图4-2-14）。

非物质文化遗产文化表现形式简况表（D1花溪区布依族古歌）　　表4-2-11

文化表现形式	代码	类别	名录批次	公布时间
花溪区布依族古歌	D1	民间文学	花溪区区级第一批	2007年9月

图4-2-14　花溪区布依族古歌（南寨门处）（来源：镇山生态博物馆资料信息中心 提供）

十二、花溪区布依族丧葬习俗

布依族的丧葬俗称"白喜"，分为家祭、外祭、上山、复山和洗孝等程序。由魔公（巫师）择吉日上山，上山前一天举行外祭，外祭前一天举行家祭（表4-2-12）。

非物质文化遗产文化表现形式简况表（D2花溪区布依族丧葬习俗）　表4-2-12

文化表现形式	代码	类别	名录批次	公布时间
花溪区布依族丧葬习俗	D2	民俗	花溪区区级第一批	2007年9月

家祭：又称为内祭祀，子女身着孝服，族人则将猪羊宰好制成供桌。一切准备就绪后，孝子手持一把伞，二人吹唢呐随其后，到大宾（大宾需多儿多女、年龄大、福气好的老人充任）家请大宾点主。

外祭：死者的外家以及媳妇的外家带上猪羊等祭品前来祭奠。由魔公指挥，包括"三献礼"、砍牛祭祖、淘米蒸粮等步骤。

上山：外祭后的第二天将抬棺上山安葬，出家门时要由魔公念"发词"，然后送殡，女子只送出寨门即回，送殡队伍到土葬地点后，要举行"跳井仪式"。

复山：葬后三天，死者亲属要到坟前磕头添土，查看新坟的牢固状况。在这三天里，家中的任何东西不能外借。

洗孝：七十天（死者为女性）或者九十天（死者为男性）以后为洗孝日，这一天要洗干净家中所有孝衣孝帕，同时设筵待。

十三、花溪地区布依族竹编工艺

竹编是用山上毛竹剖劈成篾片或篾丝并编织成各种用具和工艺品的一种手工艺。镇山村的布依族竹编工艺是以实用为主的各种农耕用具和生活用品，包括背篼、提篮、簸箕等。常用于竹编的原材料包括苦竹、钓鱼竹、绵竹、水竹、金竹等，其中要以绵竹、金竹最佳。编织方法是以竹丝、篾片以挑和压的方法构成经纬交织。竹编工艺包括竹子暴晒→浸泡→篾丝→编织→收尾等工作流程。村寨内有专门的竹编师傅，各家需要编织用具时，自行准备好原材料（后山砍竹、到李村购买等），请竹编师傅来家里面编织，支付一定的工钱和提供餐食（表4-2-13、图4-2-15）。

非物质文化遗产文化表现形式简况表（D3 花溪地区布依族竹编工艺） 表4-2-13

文化表现形式	代码	类别	名录批次	公布时间
花溪地区布依族竹编工艺	D3	传统技艺	花溪区区级第一批	2007年9月

图4-2-15 镇山村布依族竹编工艺

十四、花溪区布依族头饰

镇山布依族头饰，正如贵州大多少数民族的传统一样，是人们区别年龄、身份和文化的象征，其主要体现在帽子上，女生帽子分四等，男生帽子分三等。头饰类别包括女孩儿的鱼尾帽、男孩的皇帝帽、青年女性裹帕、已婚妇女裹帕、成年男性的瓜帽，以及男女老年帽。

鱼尾帽是布依族小女孩的头饰，因为其帽子后面有像鱼尾般的装饰而得名，帽子两侧耳朵部分装饰有精美的布依族刺绣；青年裹帕，又称打凉帕，是布依族未结婚的少女或还未生孩子的年轻女性所戴的头饰，用藏青色的布折叠几层最后连成一个环，外沿装饰一圈黑色线编织的麻花辫、右额头上方处装饰红色绢花；妇女裹帕是已经生完孩子的布依族妇女的头饰，把头发扎成发髻，再用6尺长的裹帕层层包裹；皇帝帽是布依族未成年男孩儿的头饰，由顶点分出的六根线条把帽子分成六个部分，帽子前沿点缀宝石，皇帝帽寄托长辈对家中男孩健康、乖巧、帅气的美好期望；瓜帽，当地称"十二丫"，是布依族成年男性的头饰，由十二块布片拼接缝合而成，十二片象征着一年十二个月；男女老年帽是老年布依族男女的头饰，老年帽外形朴素，打理方便（表4-2-14、图4-2-16、图4-2-17）。

非物质文化遗产文化表现形式简况表（D4 花溪区布依族头饰）　表4-2-14

文化表现形式	代码	类别	名录批次	公布时间
花溪区布依族头饰	D4	民俗	花溪区区级第一批	2007年9月

图4-2-16　花溪区布依族头饰：女孩鱼尾帽

图4-2-17　花溪区布依族头饰：青年包帕

十五、花溪区苗族、布依族唢呐音乐

　　花溪区苗族、布依族唢呐常作为领奏乐器或与锣鼓结合演奏，适于表现热烈、欢腾的气氛和雄伟、壮阔的场面，尤其适于演奏豪放、泼辣的曲调，能够深刻而细腻地抒发内在的思想感情，是一件表现力很强的乐器。唢呐的特点是音量宏浑有力，音色高亢明亮，常用于室外演奏，是民间丧葬、建房及迁居等场合以及吹打合奏中的主要乐器。唢呐由哨、气牌、侵子、杆和碗五部分构成。曲调主要有老调、老牌调、吹牛调、立房调、丧调以及挑逗调等[30]。传承至今，唢呐在镇山村最常见的场景是丧事场合，唢呐队分主家唢呐队

和宾客唢呐队，主家唢呐队一般会在丧事期间进行演奏，宾客唢呐队随姑妈等重要宾客于出殡日前夕而来，和主家唢呐队交替演奏，陪同送葬队伍上山，直至丧事结束（表4-2-15）。

非物质文化遗产文化表现形式简况表（D5 花溪区苗族、布依族唢呐音乐）　表4-2-15

文化表现形式	代码	类别	名录批次	公布时间
花溪区苗族、布依族唢呐音乐	D5	传统音乐	花溪区区级第一批	2007年9月

十六、花溪木叶吹奏

镇山村的祖祖辈辈都十分擅长民族乐器。木叶吹奏正是乐器之一，其传承方式为家族内教学，在历史长河中，吹木叶成为镇山村民的一种习惯。在祖辈的耳濡目染之下，学会了众多乐器，木叶正是其中之一。花溪木叶随时随地都可以吹奏。当干农活累了，就停下来吹吹树叶放松一下。要想吹出来音质好，树叶的选择很重要。冬青树、香樟树和桔子树的树叶最适合吹奏。另外，树叶厚薄要合适，往往没被太阳晒到的树叶，韧性最好（表4-2-16、图4-2-18）。

非物质文化遗产文化表现形式简况表（D6 花溪木叶吹奏）　表4-2-16

文化表现形式	代码	类别	名录批次	公布时间
花溪木叶吹奏	D6	传统音乐	花溪区区级第三批	2019年3月

图4-2-18　花溪木叶吹奏

十七、乌米饭制作技艺

"乌米叶"生长在特定的地方，镇山村常用的"乌米叶"采摘自花溪区北部的麦坪镇，也有人采摘之后到镇山村进行售卖。将"乌米叶"经过捣搽、过滤后，浸泡糯米一夜后上锅蒸熟，黑色、喷香、独具特色的乌米饭便制作而成（表4-2-17）。

非物质文化遗产文化表现形式简况表（D7 乌米饭制作技艺）　　表4-2-17

文化表现形式	代码	类别	名录批次	公布时间
乌米饭制作技艺	D7	传统技艺	花溪区区级第三批	2020年6月

关于镇山村布依族、苗族吃乌米饭的来源，村内流传着一段苗族、布依族共同智斗敌人的传说。相传布尤（苗族）、布依族在黑洋大箐与皇帝官兵打了败仗，布尤头领被抓，为了让布尤头领能吃上人们送去的饭，苗族和布依族的村民找到乌米饭叶把糯米染成黑色做成乌米饭之后送给布尤头领，黑黑的乌米饭成功逃过被看守官兵偷吃的命运，成功送到布尤头领手里。后来，还用染丝线的黑颜色染米饭哄骗看守官兵吃下，为布尤（苗族）、布依族赢得这场战争争取了机会，而布尤头领在四月初八这天在战斗中中箭身亡。为纪念布尤头领，后来人们把农历四月初八这天作为重要节日，家家户户在这天都要吃乌米饭。

十八、石板建筑建造技艺

石板民居是指外墙与屋面选用石板作为主要材料的建筑，俗称为石板房。多营建在地势陡峭、土少石多、交通不便的山区，其分布范围包括黔中的乌蒙山区，晋东南、豫北、冀西南交界的太行山区以及鲁南的沂蒙山区。其中，黔中一带石板房建造历史悠久，保存数量较多，仍在使用并传承营建，素有"贵州有八怪，石板当瓦盖"的说法，非常有研究价值。石板房材料主要取自聚落周边，运输成本低，造价低，耐火性能好，在高密度聚居的情况下，对防止火灾蔓延有一定效果。山区易出没野兽，以石板建房居住更安全。采用石板建房的聚落在花溪镇山和安顺屯堡都可以看到，镇山村为布依族聚居地，而安顺屯堡则是"老汉族"，他们都是军队后裔。明初，云南"诸蛮"频繁起戈，为保边塞安定，朱元璋调江南军队世代驻守黔中安顺一带，屯田屯军、亦兵亦农，以期"待以岁月，然后可图也"。建设屯堡时，随时面临着地方势力的威胁，相对于砖瓦利用黏土烧结而言，石板的开采利用要快很多，方便军队的迅速驻扎，同时防御性能也大大提高[17]（表4-2-18、图4-2-19）。

非物质文化遗产文化表现形式简况表（E1石板建筑建造技艺）　　表4-2-18

文化表现形式	代码	类别	名录批次	公布时间
石板建筑建造技艺	E1	传统技艺	—	—

图4-2-19　石板建筑建造技艺

十九、布依族传统婚俗

布依族传统婚俗包括相亲、托媒、问亲、论婚、过礼、接亲、回门等流程。

相亲：男女青年利用节日、集会等，互唱情歌沟通，称为"朗哨"。

托媒：请村里最能言善辩的媒人说合，作为婚姻关系的证人和双方对话的桥梁。

问亲：这是最重要的环节，一般往返多次，直到女方收下礼品才最后确定。媒人说媒时需带着糖与糯米酒到女方家问亲，媒人到达女方家后女方家长设宴款待媒人，饭后媒人与女方家长独处，媒人开始问亲，内容一般涉及夸赞男方家境殷实、容貌端庄、年富力强，而前几次问亲女方家长一般会以自己高攀门第、女儿不能胜任妻子责任等原由故作推脱，待媒人往返多次后才收下礼品。

论婚：有取八字、排八字、回八字、认亲等程序；过彩礼：媒人和男方家长、亲戚组成8~16人或更多的"过彩礼客"携彩礼到女方家举行合家"礼节"。仪式共要进行三天，头天男方家庭到达后吃饭休息；第二天早饭由座媒招待，安排座媒在哪一家，由女方母亲决定，吃了座媒饭之后，才开始办过彩手续。当日晚餐是过财礼正席，餐后组织男女群体对歌，内容围绕新亲新喜。第三天早饭后就要送走过彩礼客，女方家会准备一只雌鸡装进男方事先准备的装有雄鸡的鸡笼中陪同男方带回，这只雄鸡唤作"拐鸽鸡"。

接亲：传统婚俗的重要环节。接亲队伍包括2个"皇帝客"（未成年男孩）、2个押礼先生（接亲活动的总指挥）、2个伴郎，送亲队伍包括2个小客（未婚女性）、若干大客（娘家送亲客）。新郎队伍到达新娘家门口时，新娘家会安排几名妇女，手执酒壶杯盏分站两行，拦路要求新郎队伍对歌，新郎队伍对歌满意后方才允许饮酒入席。晚上对歌，自由组合，晚上主人家都要做宵夜给对歌的人吃，夜宵后大家要玩个通宵。镇山村的新娘出阁是在凌晨，出阁的时辰由"八"字先生推算吉时得来。吉时到来前新娘家长须在名堂燃烛焚香祭告祖先，此时香案上不应摆有贡品，因为布依族的人们视蜡烛融化如同祖先因不舍新娘离去而难过流泪。新娘着盛装接受父母的祝福，之后在小客的搀扶下到名堂拜别祖先。吉时到来后由新娘的兄弟将新娘背上迎亲轿子，待一切准备妥当后鸣炮出发。

回门：即在婚礼各种仪式结束过后，有即时回门或跨月回门两种礼仪，就是"从星宿上过"或"从星宿下过"，两种礼仪在时间和做法上都不同，但主要都是指从新郎家回娘家的寓意（表4-2-19、图4-2-20）。

非物质文化遗产文化表现形式简况表（E2 布依族传统婚俗）　　　表4-2-19

文化表现形式	代码	类别	名录批次	公布时间
布依族传统婚俗	E2	民俗	—	—

图4-2-20　布依族传统婚俗（来源：镇山生态博物馆资料信息中心 提供）

二十、布依语文化

布依族语言是布依族人际交往的重要工具，是思想表达的符号，布依族语言文化是布依族文化的组成部分。布依语属汉藏语系侗台语族壮傣语支，主要通行于贵州省西部、西南部和南部等布依族聚居地区，与同语支语言关系密切[31]。

布依语内部差异不大，根据各地语音和部分词汇的不同，分为三个土语，按通行区域分别称为黔南土语、黔中土语和黔西土语，习惯上又叫第一、第二和第三土语。其中，第一土语通行范围最广，从最东边的黔南州荔波县到最西边的云南省罗平县均属于该土语；第二土语通行于以贵阳市为中心的贵州中部地区，包括黔南州北部的几个县，安顺市的部分地区，以及贵州省西北部的黔西、织金等县；第三土语通行于贵州省西部，包括六盘水市、黔西南州的普安与晴隆等县和安顺市的镇宁与关岭等地区[32]（表4-2-20）。

非物质文化遗产文化表现形式简况表（E3 布依语文化） 表4-2-20

文化表现形式	代码	类别	名录批次	公布时间
布依语文化	E3	民俗	—	—

二十一、班李氏族谱文化

主要内容：其始祖建镇山村；朝廷对他始祖任命的文书文稿；班李两姓的族谱世系，其中班氏的世系为仁、山、应、自、国、斌、于、维、发、光、菜、炘、家、有、士、良、朝、崇、裕、俊共二十世（表4-2-21、图4-2-21）。

非物质文化遗产文化表现形式简况表（E4 班李氏族谱文化） 表4-2-21

文化表现形式	代码	类别	名录批次	公布时间
班李氏族谱文化	E4	民间文学	—	—

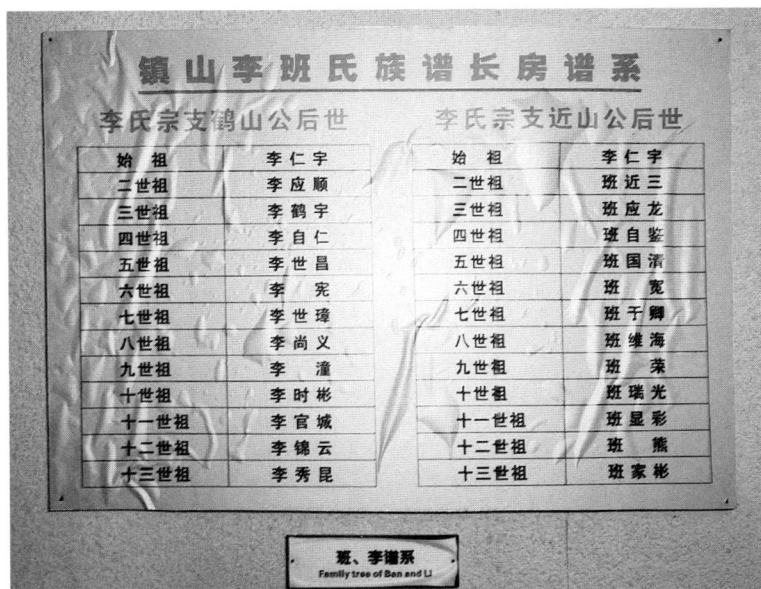

图4-2-21 班李氏族谱文化

二十二、赶圩文化

赶圩，又称赶集，镇山不设集市，传统赶圩是到周边的集市采买日常所需用品，赶圩时间按十二生肖计算日子，又称赶"甲子场"，比如兔场、猴场赶石板街，牛场、马场赶花溪街，猪场、蛇场赶烂泥沟等（表4-2-22、图4-2-22）。

非物质文化遗产文化表现形式简况表（E5 赶圩文化）　　　　表4-2-22

文化表现形式	代码	类别	名录批次	公布时间
赶圩文化	E5	民俗	—	—

图4-2-22　赶圩

二十三、军屯文化

明朝发动平播之战，当时的江西吉安府卢陵县协镇李仁宇奉命以军务入黔，携家眷移至石板哨镇山建堡屯兵，于是形成了一个屯堡。其妻去世后，李仁宇与当地的布依族班氏联姻，成为当地居民的来源。镇山上寨在明万历年间建设了屯墙城门等防御工事，发挥军事防御职能[27]（表4-2-23）。

非物质文化遗产文化表现形式简况表（E6 军屯文化）　　　　表4-2-23

文化表现形式	代码	类别	名录批次	公布时间
军屯文化	E6	民俗	—	—

二十四、木雕技艺

镇山村民居多为三合院民居木构建筑。石板装壁、石板盖屋面、石板铺天井。正房为面阔三间或五间，有吞口，堂屋除置大门外，还另置腰门。大门上方有门簪，有向日葵图案或"福禄"字样。堂屋设神龛。明间或次间窗户木雕图案精美。木材取之较为容易，木材的大量运用及装饰需求使镇山村形成了木雕文化[14]（表4-2-24、图4-2-23 ~ 图4-2-25）。

非物质文化遗产文化表现形式简况表（E7 木雕技艺）　　　表4-2-24

文化表现形式	代码	类别	名录批次	公布时间
木雕技艺	E7	民俗	—	—

图4-2-23　木雕技艺-建筑细部装饰（一）

图4-2-24 木雕技艺-建筑细部装饰（二）

图4-2-25　木雕技艺-建筑细部装饰（三）

第三节　镇山村文化空间单元解析

一、上寨古巷道文化空间

　　镇山村的上寨古巷文化空间整体分布在镇山村屯墙之内，主巷道有两条，分别为南北走向和东西走向，呈"丁"字形布局，交汇点位于武庙院外，南北向的主巷道长约200米，平均宽度约2.5米，自北寨门起通往南寨门，与下寨巷道相接；东西向的巷道自武庙前院为起点，往西逐级抬升至牛山的村寨最高处，巷口景观是镇山村最吸引人的典型节点，巷道两侧逐级抬高的几十户石板民居三合院，形成了石阶、石墙共同围合而成的石板巷弄，与主巷道串联的几条垂直于主巷道的几条支巷，形成鱼骨形平面布局。巷道是上寨村民出入的主要通道，也是镇山村民日常生活的渗透空间，也是串联着各个传统民居的文化空间的通道（图4-3-1～图4-3-3、表4-3-1）。

　　根据巷道两侧的主要构成要素，可将其分为三段：一是北寨门至武庙段，属于单边围合，西侧分布有建筑和石墙，东侧为晒场；二是武庙至牛山顶段，是镇山村内纵深感最典型的石头

图4-3-1　镇山村上寨古巷巷口老照片（来源：杨安迪 摄）

图4-3-2　镇山村上寨古巷巷口

图4-3-3　镇山村上寨古巷巷道

巷道，巷道较窄较长，两侧的传统建筑遗存较多，串联了几十户三合院传统民居，该段被村里人称为"爬山巷"；三是武庙至南寨门段，巷道较宽较短，两侧的传统建筑留存较少。

上寨古巷道文化空间主要承载的文化表现形式包括布依族"六月六"、石雕技艺、石板建筑建造技艺等10种。

上寨古巷道文化空间对应文化表现形式一览表　　　　　表4-3-1

文化表现形式	代码	类别	名录批次	公布时间
布依族"六月六"	B2	民俗	贵州省省级第三批	2009年10月
苗族"四月八"	B4	民俗	贵州省省级第二批	2009年11月
花溪区布依族叙事歌	C1	民间文学	贵阳市市级第一批	2007年10月
石雕技艺	C3	传统技艺	贵阳市市级第六批	2020年12月
花溪区苗族、布依族唢呐音乐	D5	传统音乐	花溪区区级第一批	2007年9月
石板建筑建造技艺	E1	传统技艺	—	—
布依族传统婚俗	E2	民俗	—	—
布依语文化	E3	民俗	—	—
军屯文化	E6	民俗	—	—
木雕技艺	E7	传统技艺	—	—

二、下寨古巷文化空间

下寨古巷文化空间位于下寨寨内，以北起南寨门、南至码头的石板路形成主要街巷格局，从南寨门开始一路下坡直至码头北侧的交叉口，中间有多处垂直、斜交于该主巷道的支巷连接两侧三合院或排屋，古巷一侧靠屯墙或民居石头墙，一侧凌空，可看见层叠的石板屋顶和秀美的花溪水库。古巷以石板乱铺的路面为主，长约100米，平均宽约2米，至今仍作为村民的生产、生活通道发挥着它的功能（图4-3-4）。

下寨古巷文化空间主要承载的文化表现形式包括布依族"六月六"、石雕技艺、石板建筑建造技艺等10种（表4-3-2）。

图4-3-4 下寨古巷文化空间巷道

下寨古巷道文化空间对应文化表现形式一览表   表4-3-2

文化表现形式	代码	类别	名录批次	公布时间
布依族"六月六"	B2	民俗	贵州省省级第三批	2009年10月
苗族"四月八"	B4	民俗	贵州省省级第二批	2009年11月

续表

文化表现形式	代码	类别	名录批次	公布时间
花溪区布依族叙事歌	C1	民间文学	贵阳市市级第一批	2007年10月
石雕技艺	C3	传统技艺	贵阳市市级第六批	2020年12月
花溪区苗族、布依族唢呐音乐	D5	传统音乐	花溪区区级第一批	2007年9月
石板建筑建造技艺	E1	传统技艺	—	—
布依族传统婚俗	E2	民俗	—	—
布依语文化	E3	民俗	—	—
军屯文化	E6	民俗	—	—
木雕技艺	E7	传统技艺	—	—

三、武庙文化空间

武庙文化空间位于镇山上寨中部，是寨内重要的公共建筑。武庙始建于明万历年，曾任"平播"将领的江西省吉安府卢灵县协镇李仁宇将军居住镇山村后，为祈求后裔绵衍昌盛，组织修建武庙。武庙主体曾于咸丰、同治年间毁于火灾，光绪十四年（1885年）重修，1997年修缮一次；1997年，镇山村建筑群被列为贵州省省级文物保护单位，武庙是重要的文物点之一；2018年贵州省传统村落示范村建设时武庙院落进行了修缮。武庙所体现出的尚武精神是镇山村军屯文化的重要历史见证，承载了班李姓祖先对后代宗族文化传承的希望。长久以来，武庙作为村寨重要的公共建筑，承担着村寨重要集会、祭祀、庆祝等活动的使用功能。

武庙建筑坐西北朝向东南，根据村民口述，武庙的门楼、倒座、东西厢房在20世纪70年代被拆除，目前仅存正殿，但是院落整体格局完整。现状正房大殿主体结构为穿斗式木结构，1995年曾经历过一次大修，正面和侧面的墙体围护材料为木板，背面的墙体为石墙。与民居建筑相比，这是村内唯一的一栋使用小青瓦歇山屋顶的建筑。武庙正殿内供奉有武神关羽，侧面则供奉镇山村的先祖李仁宇将军。

武庙文化空间主要承载的文化表现形式包括石雕技艺、军屯文化、木雕技艺等5种（表4-3-3、图4-3-5～图4-3-7）。

武庙文化空间承载的文化表现形式一览表　　　　　　表4-3-3

文化表现形式	代码	类别	名录批次	公布时间
布依族"六月六"	B2	民俗	贵州省省级第三批	2009年10月

文化表现形式	代码	类别	名录批次	公布时间
石雕技艺	C3	传统技艺	贵阳市市级第六批	2020年12月
布依语文化	E3	民俗	—	—
军屯文化	E6	民俗	—	—
木雕技艺	E7	传统技艺	—	—

图4-3-5　镇山村武庙鸟瞰

四、晒场文化空间

晒场文化空间位于镇山上寨中北部，与武庙隔路相望，晒场西北两侧由文化长廊和镇山村村委会形成的"L"形建筑所围合，场地东南侧宽28米，西北侧长约64米，场地出入口分别位于东北的村委会旁和东南角的巷道交叉口，地面铺贴青石板。场地内部空间围绕两棵古树做简单的高差处理，形成两级台地布局，场地靠东北侧沿围墙一侧设有表演舞台；其余部分场地设有健身器材、篮球场等；场地西南侧长廊从场地向道路一侧逐级升高，接近道路设置有售卖展示平台，是村民日常售卖镇山特色农产品、小吃等的重要场地，长廊为木结构、坡屋顶，上覆青石板。晒场文化空间是村民重要的文化空间，极富文化和生活气息，是村寨现在最重要的公共场地和精神文化承载地，村寨传统节日活动都在这里举行（图4-3-8～图4-3-10）。

图4-3-6　镇山武庙建筑装饰构件

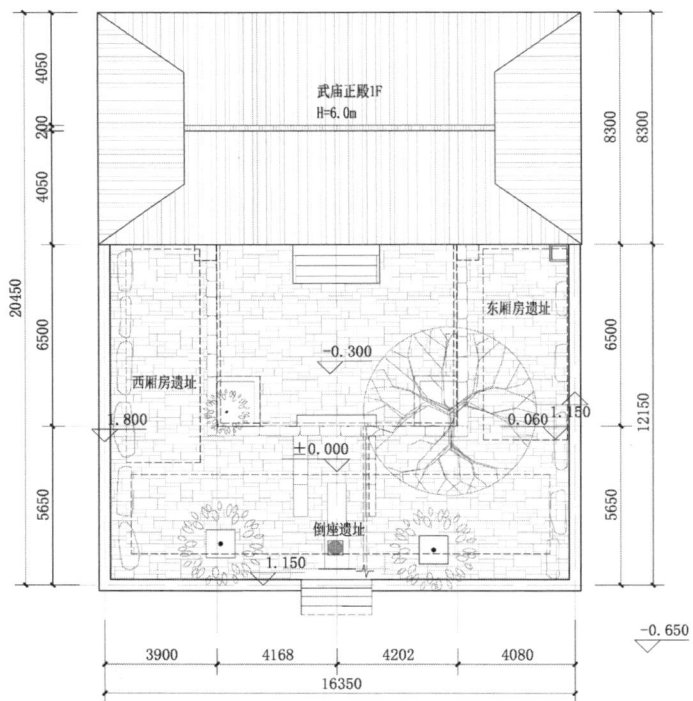

图4-3-7　镇山武庙总平面测绘图

图4-3-8 晒场文化空间鸟瞰

图4-3-9 晒场文化空间

图4-3-10　镇山村晒场开展的2022年镇山国际影像节活动现场

晒场文化空间主要承载的文化表现形式包括花溪大寨地戏、花溪区布依族叙事歌、花溪芦笙花鼓舞等11种（表4-3-4）。

晒场文化空间承载的文化表现形式一览表　　　　　　　　　　　表4-3-4

文化表现形式	代码	类别	名录批次	公布时间
布依族服饰	A1	民俗	国家级第四批	2014年11月
布依族刺绣	A2	传统美术	国家级第五批	2021年6月
花溪大寨地戏	B1	传统戏剧	贵州省省级第五批	2019年6月
布依族"六月六"	B2	民俗	贵州省省级第三批	2009年10月
苗族"四月八"	B4	民俗	贵州省省级第二批	2009年11月
花溪区布依族叙事歌	C1	民间文学	贵阳市市级第一批	2007年10月
花溪芦笙花鼓舞	C4	传统舞蹈	贵阳市市级第三批	2013年11月
花溪区布依族古歌	D1	民间文学	花溪区区级第一批	2007年9月
花溪区布依族头饰	D4	民俗	花溪区区级第一批	2007年9月
花溪木叶吹奏	D6	传统音乐	花溪区区级第二批	2019年3月
布依语文化	E3	民俗	—	—

五、传统三合院民居文化空间

传统三合院民居文化空间主要分布在镇山村的上寨范围内，比较典型的三合院民居文化空间包括班有光宅、班晓雁宅、班家洪宅、班有文宅、李秀良宅等。三合民居主体建筑为穿斗式木结构，墙体多采用石板嵌入木构架与嵌入木构架的混合方式，悬山坡屋顶上覆盖当地不规则石板，院落地幔铺设青石板。建筑材料和室外材料大量使用石材，但是主体结构还是使用木结构。民居正房多为面阔三间或五间，堂屋设有吞口，除设置大门外，还另置有腰门。大门上方有门簪，多采用向日葵图案或"福禄"字样（图4-3-11～图4-3-16）。

三合院民居为典型的穿斗式木结构悬山顶建筑，建筑的主体结构都采用穿斗式木结构，建筑正房以三开间居多，明间内凹设吞口，居中为堂屋，内设木雕神龛，堂屋是一家重要的公共区域，传统的会客、祭祀等都在该区域举行，堂屋后面为"后灶"，现在多为储物间，两旁次间则为火堂、卧室和厨房等。建筑的屋顶和维护构件中，大量运用了当地石板，石料主要用于院坝铺地、基础、部分墙壁、屋面盖顶等。木材主要用于主体结

图4-3-11 镇山村上寨三合院民居——班有光宅院落

图4-3-12　镇山村上寨三合院民居——班有光宅整体鸟瞰

图4-3-13　镇山村上寨三合院民居——班有光宅院落

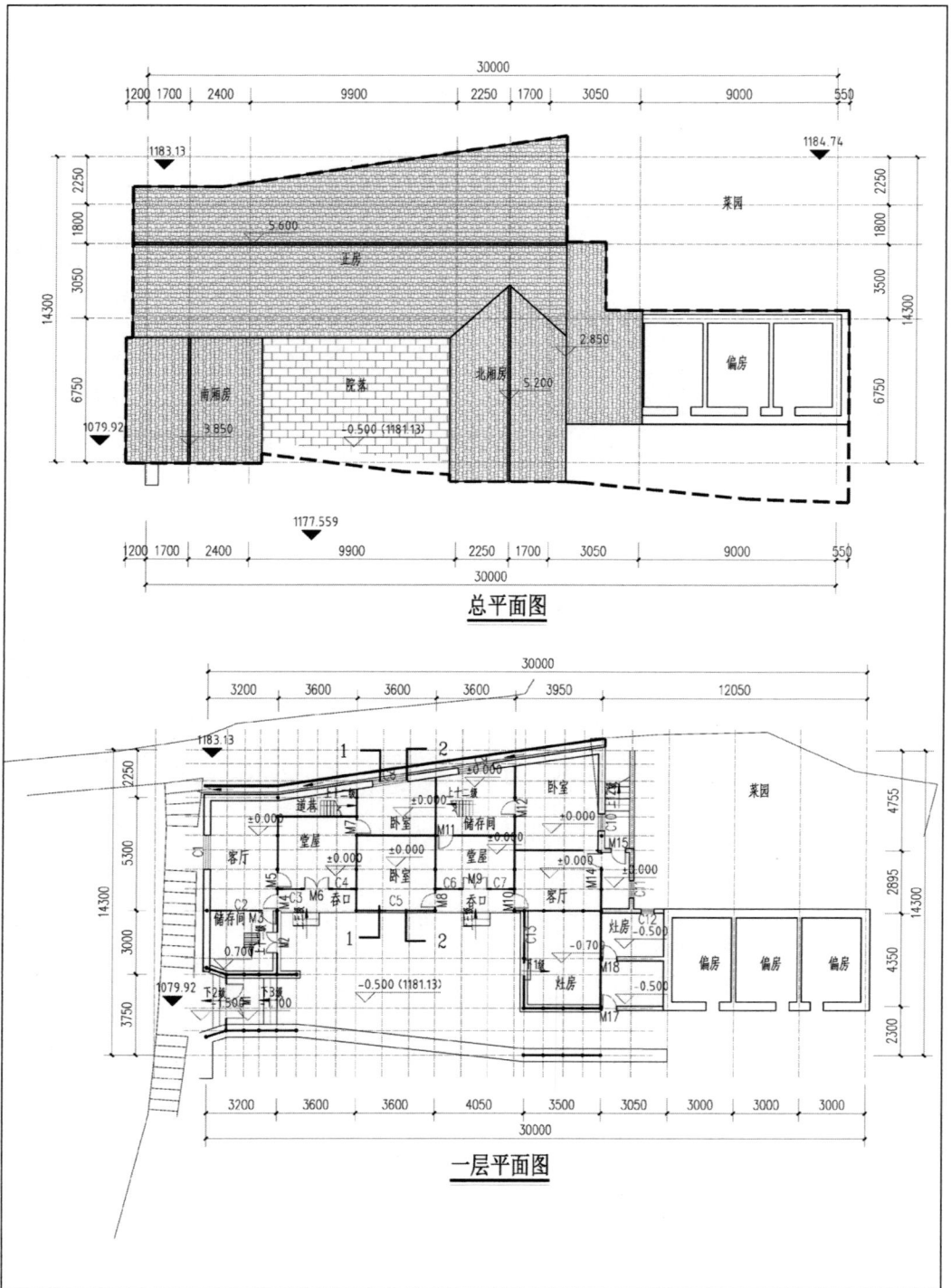

图4-3-14 三合院民居——班家光宅测绘图（一）

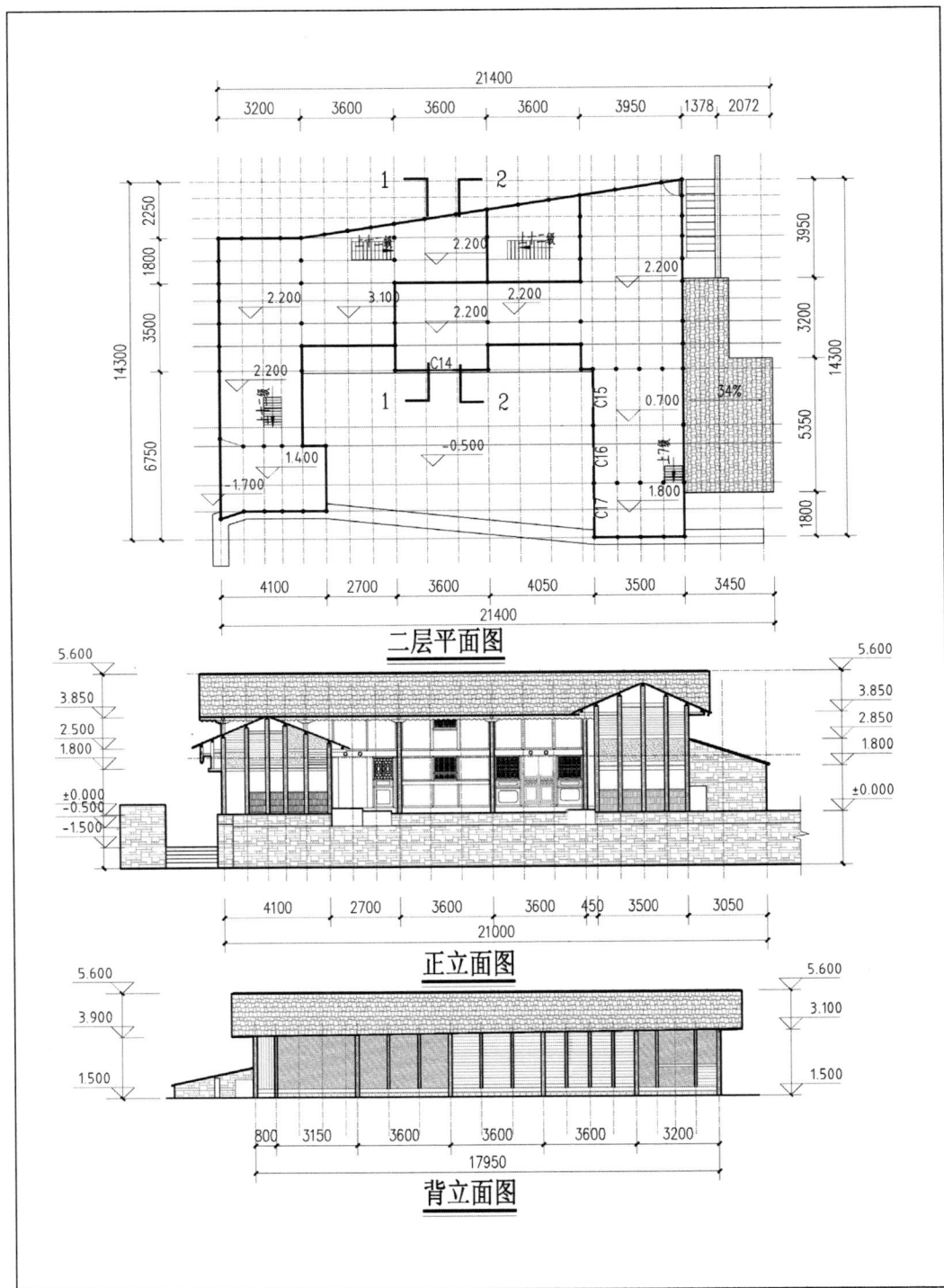

二层平面图

正立面图

背立面图

图4-3-15　三合院民居——班家光宅测绘图（二）

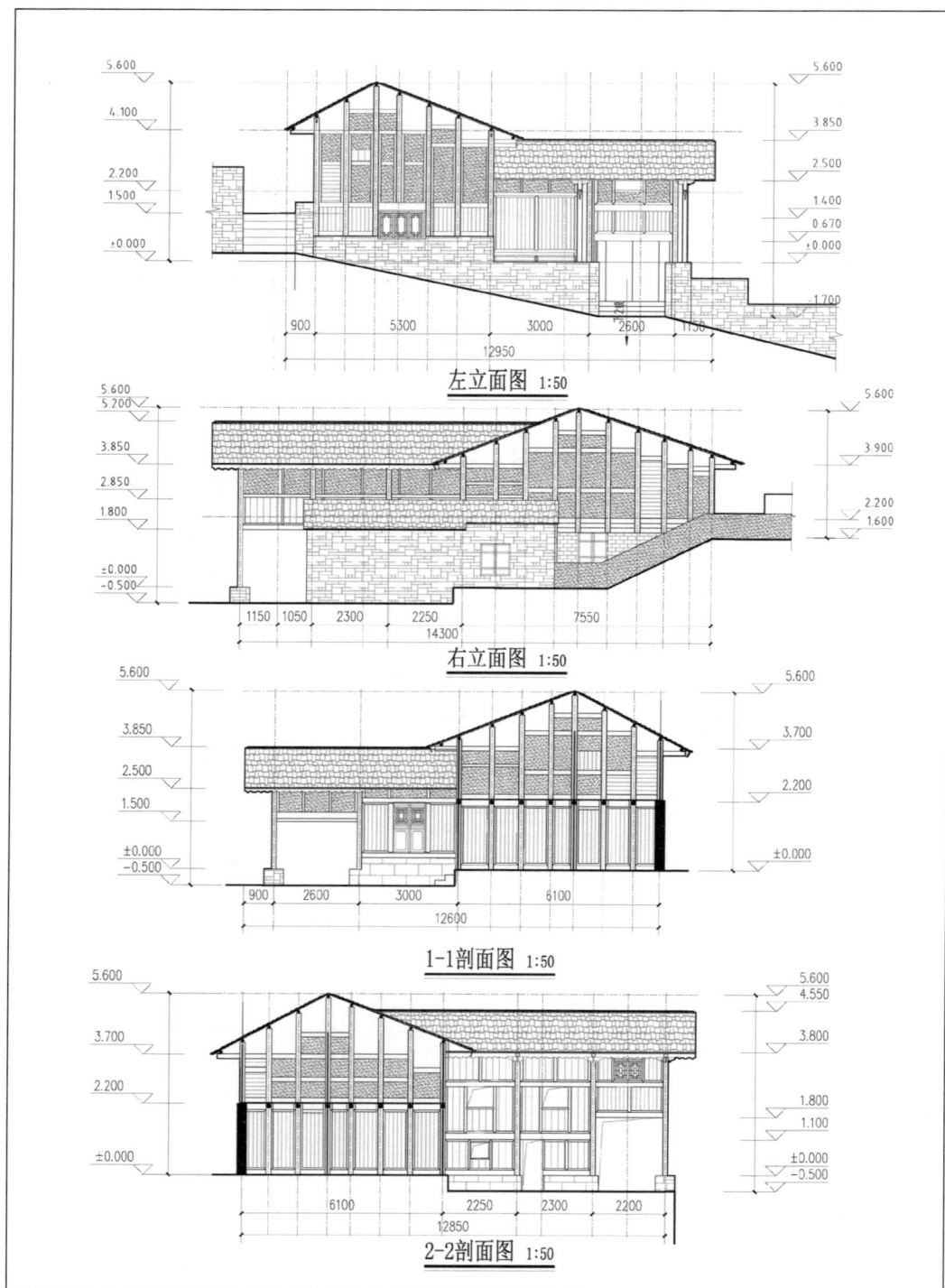

图4-3-16 三合院民居——班家光宅测绘图（三）

构（柱子、梁、橡皮、檩条）、门窗、部分墙壁、上下连接的楼梯等。镇山村的石头墙和主体木构架的组合方式为石头墙面嵌在柱子之间，从建筑外立面，可以看出建筑主体木构架。

传统三合院民居文化空间主要承载的文化表现形式包括花溪地区布依族丧葬习俗、花溪地区布依族竹编工艺、布依族传统婚俗等18种（表4-3-5）。

传统三合院文化空间承载的文化表现形式一览表   表4-3-5

文化表现形式	代码	类别	名录批次	公布时间
布依族服饰	A1	民俗	国家级第四批	2014年11月
布依族刺绣	A2	传统美术	国家级第五批	2021年6月
花溪区布依族叙事歌	C1	民间文学	贵阳市市级第一批	2007年10月
印染技艺	C2	传统技艺	贵阳市市级第六批	2020年12月
石雕技艺	C3	传统技艺	贵阳市市级第六批	2020年12月
花溪区布依族古歌	D1	民间文学	花溪区区级第一批	2007年9月
花溪地区布依族丧葬习俗	D2	民俗	花溪区区级第一批	2007年9月
花溪地区布依族竹编工艺	D3	传统技艺	花溪区区级第一批	2007年9月
花溪区布依族头饰	D4	民俗	花溪区区级第一批	2007年9月
花溪区苗族、布依族唢呐音乐	D5	传统音乐	花溪区区级第一批	2007年9月
花溪木叶吹奏	D6	传统音乐	花溪区区级第二批	2019年3月
乌米饭制作技艺	D7	传统技艺	花溪区区级第三批	2020年6月
石板建筑建造技艺	E1	传统技艺	—	—
布依族传统婚俗	E2	民俗	—	—
布依语文化	E3	民俗	—	—
班李氏族谱文化	E4	民间文学	—	—
军屯文化	E6	民俗	—	—
木雕技艺	E7	传统技艺	—	—

六、传统排屋民居文化空间

传统排屋民居文化空间主要分布在镇山下寨，典型的代表建筑包括班仕勇宅、班晓利宅、班仕端宅、班有德宅、班有才宅、李宏兵宅、班仕强宅、李仕贵宅等共同组成、位于下寨中部的四组排屋。排屋民居单元是多户连排共用一个院落的形式，位于下寨中心区域的四排呈台地式分布的石板民居，但这并非传统的建筑原始形态，是经历一次整体搬迁之后，村民根据现有的地势条件，截取多个原三合院的正房部分构建进行重组、拼接而形成的建筑平面组合单元。这些排屋建筑原来是建于河边的三合院，1958年修建花溪水库，水位上升，村民将原本建于河边的三合院正房整体搬迁至现在的位置，由于沿等高线层叠分布的地势闲置，建筑形制由三合院布置变成顺应层叠等高线布置的"一"字排屋联排布局，建筑坐西北朝东南、背山面水，一组排屋由2~4家组成，主体为木结构，板壁由木板装饰，连排硬山坡屋顶上覆当地石板，长排院坝地面铺设当地青石板（图4-3-17~图4-3-19）。

图4-3-17　传统排屋民居

传统排屋民居文化空间主要承载的文化表现形式包括花溪地区布依族丧葬习俗、花溪地区布依族竹编工艺、苗族"四月八"等18种（表4-3-6）。

传统排屋民居文化空间承载的文化表现形式一览表　　　　　表4-3-6

文化表现形式	代码	类别	名录批次	公布时间
布依族服饰	A1	民俗	国家级第四批	2014年11月
布依族刺绣	A2	传统美术	国家级第五批	2021年6月
苗族"四月八"	B4	民俗	贵州省省级第二批	2009年11月

文化表现形式	代码	类别	名录批次	公布时间
花溪区布依族叙事歌	C1	民间文学	贵阳市市级第一批	2007年10月
印染技艺	C2	传统技艺	贵阳市市级第六批	2020年12月
石雕技艺	C3	传统技艺	贵阳市市级第六批	2020年12月
花溪区布依族古歌	D1	民间文学	花溪区区级第一批	2007年9月
花溪地区布依族丧葬习俗	D2	民俗	花溪区区级第一批	2007年9月
花溪地区布依族竹编工艺	D3	传统技艺	花溪区区级第一批	2007年9月
花溪区布依族头饰	D4	民俗	花溪区区级第一批	2007年9月
花溪区苗族、布依族唢呐音乐	D5	传统音乐	花溪区区级第一批	2007年9月
乌米饭制作技艺	D7	传统技艺	花溪区区级第三批	2020年6月
石板建筑建造技艺	E1	传统技艺	—	—
布依族传统婚俗	E2	民俗	—	—
布依语文化	E3	民俗	—	—
班李氏族谱文化	E4	民间文学	—	—
军屯文化	E6	民俗	—	—
木雕技艺	E7	传统技艺	—	—

图4-3-18　传统排屋民居院落（来源：杨安迪 摄）

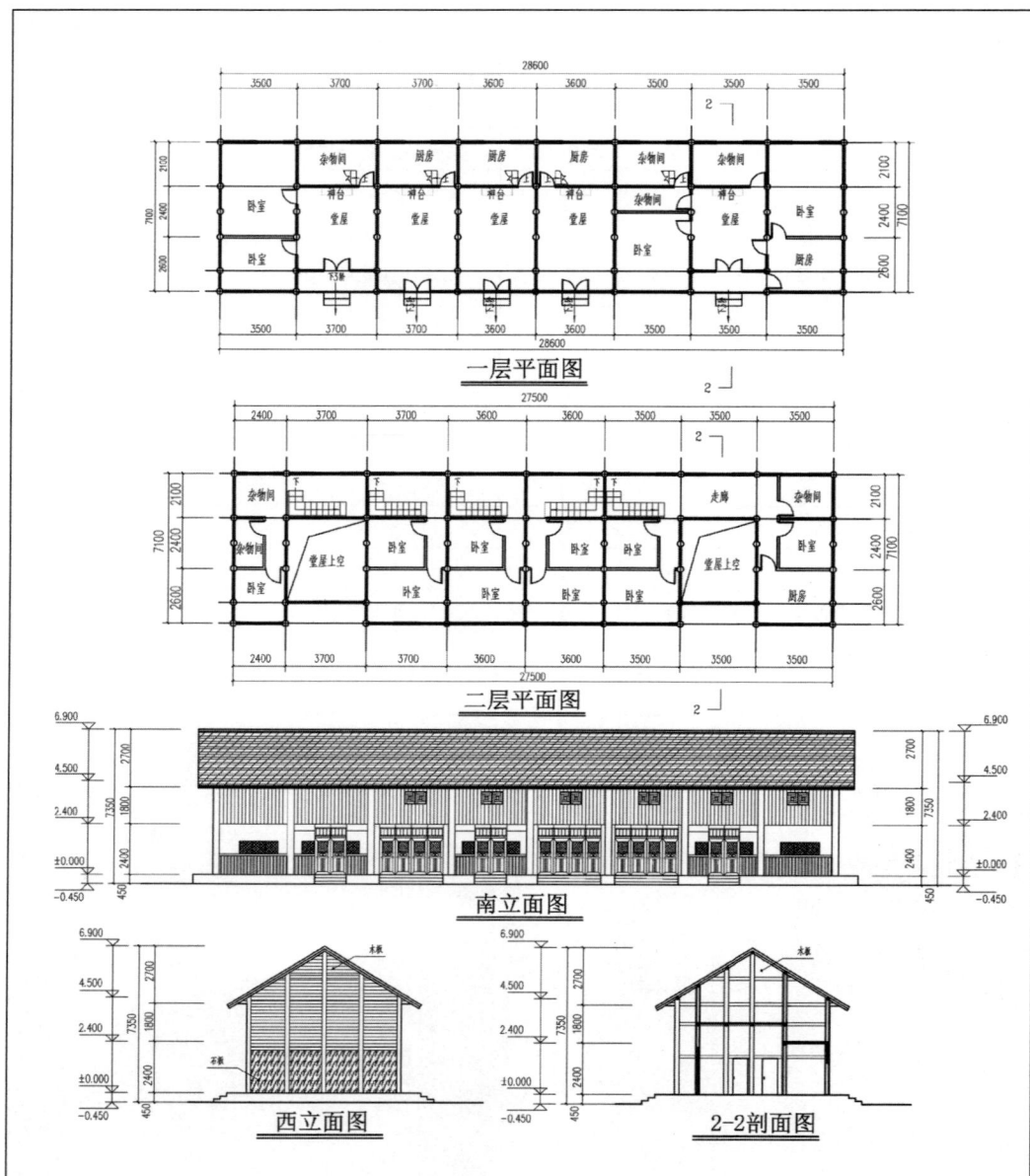

图4-3-19 传统排屋民居——班家胜宅测绘图

七、跳花场文化空间

跳花场文化空间位于村寨西部进寨的垭口上，处于镇山主要村寨外围地势较高的地方，距离村寨核心区域入口北寨门约170米，占地面积约3400平方米，南北向最长处约90

米，东西向最宽处约55米，水泥地面。跳场周边布置民居建筑、小卖部、商店、停车管理岗亭等，是进入村寨核心区域的重要前置空间和游客集散场地，是唯一的公共停车场地，也是镇山村苗族跳场的场地。

跳花场文化空间主要承载的文化表现形式包括花溪地区花溪大寨地戏、花溪芦笙花鼓舞、花溪木叶吹奏等10种（表4-3-7、图4-3-20）。

跳花场文化空间承载的文化表现形式一览表　　　　　　　　　　表4-3-7

文化表现形式	代码	类别	名录批次	公布时间
布依族服饰	A1	民俗	国家级第四批	2014年11月
花溪大寨地戏	B1	传统戏剧	贵州省省级第五批	2019年6月
花溪区苗族跳场	B3	民俗	贵州省省级第二批	2007年5月
苗族"四月八"	B4	民俗	贵州省省级第二批	2009年11月
花溪区布依族叙事歌	C1	民间文学	贵阳市市级第一批	2007年10月
花溪芦笙花鼓舞	C4	传统舞蹈	贵阳市市级第三批	2013年11月
花溪区布依族古歌	D1	民间文学	花溪区区级第一批	2007年9月
花溪区布依族头饰	D4	民俗	花溪区区级第一批	2007年9月
花溪木叶吹奏	D6	传统音乐	花溪区区级第二批	2019年3月
布依语文化	E3	民俗	—	—

图4-3-20　跳花场文化空间全景

图4-3-21　古屯墙墙外视角

八、古屯墙文化空间

古屯墙是镇山村建村之初开始修建的村寨防御设施，贯穿上寨周边，也是上寨和下寨空间分隔的界限。古屯墙是镇山村建村之初开始修建的村寨防御设施，贯穿上寨周边，也是上寨和下寨空间分隔的界限（表4-3-8、图4-3-21、图4-3-22）。

古屯墙文化空间承载的文化表现形式一览表　　　　　　表4-3-8

文化表现形式	代码	类别	名录批次	公布时间
花溪大寨地戏	B1	传统戏剧	贵州省省级第五批	2019年06月
布依族"六月六"	B2	民俗	贵州省省级第三批	2009年10月
花溪区布依族叙事歌	C1	民间文学	贵阳市市级第一批	2007年1月
石雕技艺	C3	传统技艺	贵阳市市级第六批	2020年12月
花溪木叶吹奏	D6	传统音乐	花溪区区级第二批	2019年3月
石板建筑建造技艺	E1	传统技艺	—	—
班李氏族谱文化	E4	民间文学	—	—
军屯文化	E6	民俗	—	—

图4-3-22 古屯墙墙内视角

古屯墙文化空间主要承载的文化表现形式包括石雕技艺、军屯文化等8种。

九、北寨门文化空间

北寨门文化空间位于村寨中部，是镇山屯墙的重要组成元素之一。镇山屯墙始建于明万历时期，经清代修缮，全墙以当地特产的青石为原料，以规整的石墩砌筑而成，虽部分城垣早已坍塌，但城基整体仍保留了下来。2010年按原貌修复的城垣全长约1600米，高约5~10米，基宽3~4米。城垣厚度约3米，设内步道等设施；此外，设南、北二座寨门，寨门上有小门楼。此处所述北寨门即为两座寨门之一，连接唯一通往寨外的悬崖步道，寨门为巨型料石所砌石拱门，曾被损毁。1993年，根据当时村内老人口述记录，结合村寨实际通行需求对北寨门进行修缮（表4-3-9、图4-3-23）。

北寨门文化空间主要承载的文化表现形式包括石雕技艺、军屯文化、布依族服饰等10项。

北寨门文化空间承载的文化表现形式一览表　　　　　　表4-3-9

文化表现形式	代码	类别	名录批次	公布时间
布依族服饰	A1	民俗	国家级第四批	2014年11月
布依族"六月六"	B2	民俗	贵州省省级第三批	2009年10月
苗族"四月八"	B4	民俗	贵州省省级第二批	2009年11月
花溪区布依族叙事歌	C1	民间文学	贵阳市市级第一批	2007年10月
石雕技艺	C3	传统技艺	贵阳市市级第六批	2020年12月
花溪区布依族古歌	D1	民间文学	花溪区区级第一批	2007年9月
石板建筑建造技艺	E1	传统技艺	—	—
布依语文化	E3	民俗	—	—
赶圩文化	E5	民俗	—	—
军屯文化	E6	民俗	—	—

图4-3-23　北寨门文化空间（来源：镇山生态博物馆资料信息中心　提供）

十、南寨门文化空间

南寨门文化空间位于村寨中南部，上下寨分隔处，南寨门是镇山屯墙的重要组成元素，是屯墙南、北两寨门之一。现状为保存较好的石拱门，石拱门北侧为上寨、南侧为下寨，拱门上方的城墙上，是俯瞰下寨排屋和花溪水库的最佳观景点。

南寨门文化空间主要承载的文化表现形式主要包括花溪地区布依族"六月六"、花溪区布依族叙事歌、赶圩文化等10种（表4-3-10、图4-3-24）。

南寨门文化空间承载的文化表现形式一览表　　　　　　　　　表4-3-10

文化表现形式	代码	类别	名录批次	公布时间
布依族服饰	A1	民俗	国家级第四批	2014年11月
布依族"六月六"	B2	民俗	贵州省省级第三批	2009年10月
苗族"四月八"	B4	民俗	贵州省省级第二批	2009年11月
花溪区布依族叙事歌	C1	民间文学	贵阳市市级第一批	2007年10月
石雕技艺	C3	传统技艺	贵阳市市级第六批	2020年12月
花溪区布依族古歌	D1	民间文学	花溪区区级第一批	2007年9月
石板建筑建造技艺	E1	传统技艺	—	—
布依语文化	E3	民俗	—	—
赶圩文化	E5	民俗	—	—
军屯文化	E6	民俗	—	—

图4-3-24　南寨门文化空间

十一、河滩文化空间

河滩文化空间位于村寨南部、花溪水库水底，河滩在花溪水库修建之前，是镇山村重要的文化活动空间。在走访中了解到，镇山布依族印染的染坊旧址修建的河滩旁、苗族跳场、六月六传统节日活动的场地最初也在河滩上举行。1958年修建花溪水库，河滩被淹没在水底，河滩所承载的一系列文化活动伴随着下寨的搬迁发生了文化的消亡和空间的迁移。比如布依族印染技艺已消亡；苗族跳场的场地在河坝被淹没之后经历了两次空间的迁移，近些年将文化活动的空间落位在村寨北侧的停车场处（图4-3-25）。

河滩文化空间主要承载的文化表现形式包括花溪区布依族叙事歌、印染技艺、花溪木叶吹奏等9种（表4-3-11）。

图4-3-25　河滩文化空间记忆（来源：杨安迪 摄）

河滩文化空间承载的文化表现形式一览表　　　　　　　　　表4-3-11

文化表现形式	代码	类别	名录批次	公布时间
布依族服饰	A1	民俗	国家级第四批	2014年11月
布依族"六月六"	B2	民俗	贵州省省级第三批	2009年1月
花溪区布依族叙事歌	C1	民间文学	贵阳市市级第一批	2007年1月
印染技艺	C2	传统技艺	贵阳市市级第六批	2020年12月

文化表现形式	代码	类别	名录批次	公布时间
花溪芦笙花鼓舞	C4	传统舞蹈	贵阳市市级第三批	2013年11月
花溪区布依族古歌	D1	民间文学	花溪区区级第一批	2007年9月
花溪区布依族头饰	D4	民俗	花溪区区级第一批	2007年9月
花溪木叶吹奏	D6	传统音乐	花溪区区级第二批	2019年3月
布依语文化	E3	民俗	—	—

十二、寨头古井文化空间

寨头古井文化空间位于村寨北部悬崖步道下方，古井文化空间由场地、井亭、井窖、清洗池共同组成，占地面积约100平方米。场地一侧为人行步道，井亭靠山面水布置，为木结构、石板盖面的两坡顶休息亭；井亭正下方是古井井窖，古井为垂直地面下凹的方形水池，四面整石镶嵌；井亭北侧沿步道一侧是两个并排布置的清洗池，清洗池形式、规格、材质与井窖相似，均为垂直地面下凹的方形水池，四面整石镶嵌。镇山村有正月初一挑"新年水"的传统，每到正月初一，寨内的布依主妇们争先恐后地去井水旁，挑一担"新年水"（又称"聪明水"）（图4-3-26）。

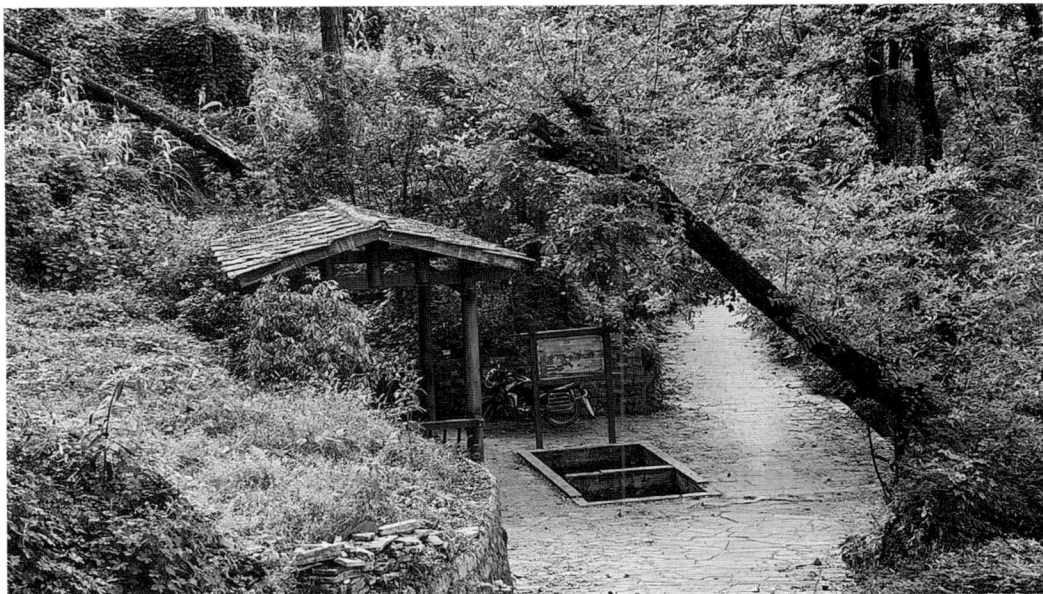

图4-3-26 寨头古井文化空间

寨头古井文化空间主要承载的文化表现形式包括花溪区布依族叙事歌、印染技艺、乌米饭制作技艺等7种（表4-3-12）。

寨头古井文化空间承载的文化表现形式一览表   表4-3-12

文化表现形式	代码	类别	名录批次	公布时间
布依族服饰	A1	民俗	国家级第四批	2014年11月
布依族刺绣	A2	传统美术	国家级第五批	2021年6月
花溪区布依族叙事歌	C1	民间文学	贵阳市市级第一批	2007年10月
印染技艺	C2	传统技艺	贵阳市市级第六批	2020年12月
花溪区布依族头饰	D4	民俗	花溪区区级第一批	2007年9月
乌米饭制作技艺	D7	传统技艺	花溪区区级第三批	2020年6月
布依语文化	E3	民俗	—	—

十三、古银杏树文化空间

古银杏树文化空间位于镇山上寨北部，寨头保寨树，树种为银杏树（村民称为白果树）。古银杏树在村寨外围的牛山之上，前往镇山村，未进村寨，先望见挺拔高大的古银杏树。在镇山村传统的记忆里，每逢"六月六"，要到古银杏树下举行祭祀活动（图4-3-27）。

古银杏树文化空间主要承载的文化表现形式主要包括花溪地区布依族服饰、布依族刺绣、布依族"六月六"等9种（表4-3-13）。

古银杏树文化空间承载的文化表现形式一览表   表4-3-13

文化表现形式	代码	类别	名录批次	公布时间
布依族服饰	A1	民俗	国家级第四批	2014年11月
布依族刺绣	A2	传统美术	国家级第五批	2021年6月
布依族"六月六"	B2	民俗	贵州省省级第三批	2009年10月
石雕技艺	C3	传统技艺	贵阳市市级第六批	2020年12月
花溪区布依族头饰	D4	民俗	花溪区区级第一批	2007年9月
花溪木叶吹奏	D6	传统音乐	花溪区区级第二批	2019年3月
石板建筑建造技艺	E1	传统技艺	—	—
布依语文化	E3	民俗	—	—
军屯文化	E6	民俗	—	—

图4-3-27　古银杏树文化空间

十四、古码头文化空间

古码头文化空间位于村寨南部、花溪水库沿岸，由码头和码头遗址共同组成。码头位于村寨正南侧，从水面至村寨内部呈"八"字形延伸，由三级共约50步大台阶、休息平台、2棵古树共同组成；码头遗址位于现状码头东侧约60米处，半圆形，青石乱铺地面，隐约还能看见逐步往水里走的青石梯步。镇山村原本无水库和码头，寨内村民田、土地大多分布在河对岸李村，19世纪60年代修建花溪水库之后，为满足镇山村民日常渡船过河的生产劳作需求而修建了码头（图4-3-28、图4-3-29）。

古码头文化空间主要承载的文化表现形式主要包括布依族服饰、布依族刺绣、布依族"六月六"花溪木叶吹奏等5种（表4-3-14）。

图4-3-28 古码头文化空间（一）（来源：镇山生态博物馆资料信息中心 提供）

图4-3-29 古码头文化空间（二）（来源：杨安迪 摄）

古码头文化空间承载的文化表现形式一览表　　　　表4-3-14

文化表现形式	代码	类别	名录批次	公布时间
布依族服饰	A1	民俗	国家级第四批	2014年11月
布依族刺绣	A2	传统美术	国家级第五批	2021年6月
布依族"六月六"	B2	民俗	贵州省省级第三批	2009年10月
花溪木叶吹奏	D6	传统音乐	花溪区区级第二批	2019年3月
布依语文化	E3	民俗	—	—

十五、花溪水库文化空间

　　花溪水库文化空间位于镇山村寨最南侧，自1958年修建花溪水库后，镇山村的几个自然居民地搬迁归并到现在的镇山村大寨周围，形成了半岛形村落。水库文化空间承载着镇山村的历史，构成了村寨自然选址与人文历史交相辉映的民族村寨特色。19世纪60年代修建花溪水库之后，原本位于河边的镇山下寨搬迁至现在下寨的位置，依托花溪河存在的染坊、河滩场地等被水库淹没，而日常趟河过水到李村进行生产劳作的镇山村民则改用渡船解决交通（图4-3-30）。

　　花溪水库文化空间主要承载的文化表现形式主要包括花溪区布依族叙事歌、印染技艺、花溪芦笙花鼓舞等9种（表4-3-15）。

图4-3-30　花溪水库文化空间（来源：胡朝相 摄）

花溪水库文化空间承载的文化表现形式一览表　　　　表4-3-15

文化表现形式	代码	类别	名录批次	公布时间
布依族服饰	A1	民俗	国家级第四批	2014年11月
布依族"六月六"	B2	民俗	贵州省省级第三批	2009年10月
苗族"四月八"	B4	民俗	贵州省省级第二批	2009年1月
花溪区布依族叙事歌	C1	民间文学	贵阳市市级第一批	2007年1月
印染技艺	C2	传统技艺	贵阳市市级第六批	2020年12月
花溪芦笙花鼓舞	C4	传统舞蹈	贵阳市市级第三批	2013年11月
花溪区布依族古歌	D1	民间文学	花溪区区级第一批	2007年9月
花溪区布依族头饰	D4	民俗	花溪区区级第一批	2007年9月
花溪木叶吹奏	D6	传统音乐	花溪区区级第二批	2019年3月

十六、生态博物馆资料信息中心文化空间

镇山生态博物馆资料信息中心始建于2007年，主体建筑位于镇山村西南侧，背山面湖，视野开阔，全馆占地0.59公顷，建筑面积1284平方米，其主要功能是搜集、整理、研究与布依族相关的自然生态资料和历史文化资料，并将工作成果向社会各界无偿提供，是镇山生态博物馆对外提供服务的重要场所。资料信息中心主体建筑外观仿照布依族传统楼阁的形制，采用当地特产的石板铺砌外墙，建筑本身即是对布依族建筑文化底蕴的重要反映（图4-3-31）。

生态博物馆资料信息中心文化空间主要承载的文化表现形式主要包括班李氏族谱文化、石板建筑建造技艺、花溪大寨地戏等24种（表4-3-16）。

生态博物馆资料信息中心文化空间承载的文化表现形式一览表　　表4-3-16

文化表现形式	代码	类别	名录批次	公布时间
布依族服饰	A1	民俗	国家级第四批	2014年11月
布依族刺绣	A2	传统美术	国家级第五批	2021年6月
花溪大寨地戏	B1	传统戏剧	贵州省省级第五批	2019年6月
布依族"六月六"	B2	民俗	贵州省省级第三批	2009年10月
苗族"四月八"	B4	民俗	贵州省省级第二批	2009年11月
花溪区苗族跳场	B5	民俗	贵州省省级第二批	2007年5月
花溪区布依族叙事歌	C1	民间文学	贵阳市市级第一批	2007年10月
印染技艺	C2	传统技艺	贵阳市市级第六批	2020年12月

续表

文化表现形式	代码	类别	名录批次	公布时间
石雕技艺	C3	传统技艺	贵阳市市级第六批	2020年12月
花溪芦笙花鼓舞	C4	传统舞蹈	贵阳市市级第三批	2013年11月
花溪区布依族古歌	D1	民间文学	花溪区区级第一批	2007年9月
花溪地区布依族丧葬习俗	D2	民俗	花溪区区级第一批	2007年9月
花溪地区布依族竹编工艺	D3	传统技艺	花溪区区级第一批	2007年9月
花溪区布依族头饰	D4	民俗	花溪区区级第一批	2007年9月
花溪区苗族、布依族唢呐音乐	D5	传统音乐	花溪区区级第一批	2007年9月
花溪木叶吹奏	D6	传统音乐	花溪区区级第二批	2019年3月
乌米饭制作技艺	D7	传统技艺	花溪区区级第三批	2020年6月
石板建筑建造技艺	E1	传统技艺	—	—
布依族传统婚俗	E2	民俗	—	—
布依语文化	E3	民俗	—	—
班李氏族谱文化	E4	民间文学	—	—
赶圩文化	E5	民俗	—	—
军屯文化	E6	民俗	—	—
木雕技艺	E7	传统技艺	—	—

图4-3-31 生态博物馆资料信息中心文化空间全景

十七、牛山文化空间

牛山文化空间位于村寨西部，不仅是村寨选址和传统格局的一部分，也是村寨天然的防御屏障，同时还是镇山村村民的后花园。镇山村是一个三面环水、一面靠山的传统聚落，而牛山就是镇山村唯一的一面靠山；屯墙从村寨中间穿过到达牛山上，沿牛山山脊上蜿蜒布局，环一圈之后与村寨北侧的悬崖石径相连，只要北寨门一关，后山便是镇山村与外界隔绝的天然屏障，沿屯墙爬到牛山的最高处，村寨周边情况一览眼前；牛山与村寨连在一起，并没有明显的界限，建筑之外的地方，留有部分耕地，这些耕地是镇山村周边最近的田土，曾是镇山村民的菜园子，山上还生长着村民日常用具所需的原材料如竹子、"六月六"包粽子的粽子叶等天然植物（图4-3-32）。

牛山文化空间主要承载的文化表现形式主要包括花溪区布依族叙事歌、花溪区布依族古歌、花溪木叶吹奏等11种（表4-3-17）。

图4-3-32 牛山文化空间全景

牛山文化空间承载的文化表现形式一览表   表4-3-17

文化表现形式	代码	类别	名录批次	公布时间
布依族服饰	A1	民俗	国家级第四批	2014年11月
布依族"六月六"	B2	民俗	贵州省省级第三批	2009年10月

续表

文化表现形式	代码	类别	名录批次	公布时间
苗族"四月八"	B4	民俗	贵州省省级第二批	2009年11月
花溪区布依族叙事歌	C1	民间文学	贵阳市市级第一批	2007年10月
印染技艺	C2	传统技艺	贵阳市市级第六批	2020年12月
花溪区布依族古歌	D1	民间文学	花溪区区级第一批	2007年9月
花溪区布依族头饰	D4	民俗	花溪区区级第一批	2007年9月
花溪木叶吹奏	D6	传统音乐	花溪区区级第二批	2019年3月
乌米饭制作技艺	D7	传统技艺	花溪区区级第三批	2020年6月
布依族传统婚俗	E2	民俗	—	—
布依语文化	E3	民俗	—	—

第四节 镇山村文化空间单元的时空属性甄别分析

一、镇山村文化空间单元的时空属性（表4-4-1）

镇山村文化空间单元时空属性汇总表　　　　　　　表4-4-1

序号	文化空间单元名称	对应文化表现形式代码	空间属性				时间属性			
			开放/封闭	多发/单点	清楚/模糊	中心/边缘	规律/随机	高频/低频	稳定/变化	现实/记忆
1	上寨古巷道文化空间	B2	开放	多发	模糊	中心	规律	低频	稳定	现实
		B4	开放	多发	模糊	边缘	规律	低频	稳定	现实
		C1	开放	多发	模糊	边缘	随机	高频	变化	记忆
		C3	开放	多发	模糊	边缘	随机	高频	变化	现实
		D5	开放	单点	清楚	边缘	规律	低频	变化	现实
		E1	开放	多发	模糊	中心	随机	低频	稳定	现实
		E2	开放	多发	模糊	边缘	随机	低频	变化	现实
		E3	开放	多发	模糊	边缘	随机	高频	稳定	现实
		E6	开放	多发	模糊	中心	随机	低频	稳定	现实
		E7	开放	多发	模糊	边缘	随机	高频	变化	现实
2	下寨古巷道文化空间	B2	开放	多发	模糊	中心	规律	低频	稳定	现实
		B4	开放	多发	模糊	边缘	规律	低频	稳定	现实

续表

序号	文化空间单元名称	对应文化表现形式代码	空间属性				时间属性			
			开放/封闭	多发/单点	清楚/模糊	中心/边缘	规律/随机	高频/低频	稳定/变化	现实/记忆
2	下寨古巷道文化空间	C1	开放	多发	模糊	边缘	随机	高频	变化	记忆
		C3	开放	多发	模糊	边缘	随机	高频	变化	现实
		D5	开放	单点	清楚	边缘	规律	低频	变化	现实
		E1	开放	多发	模糊	中心	随机	低频	稳定	现实
		E2	开放	多发	模糊	边缘	随机	低频	变化	现实
		E3	开放	多发	模糊	边缘	随机	高频	稳定	现实
		E6	开放	多发	模糊	中心	随机	低频	稳定	现实
		E7	开放	多发	模糊	边缘	随机	高频	变化	现实
3	武庙文化空间	B2	封闭	单点	清楚	中心	规律	低频	稳定	记忆
		C3	封闭	单点	清楚	中心	随机	低频	稳定	现实
		E3	封闭	单点	清楚	中心	随机	高频	稳定	现实
		E6	封闭	单点	清楚	中心	随机	低频	变化	记忆
		E7	封闭	单点	清楚	中心	随机	低频	稳定	现实
4	晒场文化空间	A1	开放	单点	模糊	中心	随机	高频	变化	现实
		A2	开放	单点	模糊	中心	随机	高频	变化	现实
		B1	开放	单点	模糊	中心	规律	低频	稳定	现实
		B2	开放	单点	模糊	中心	规律	低频	稳定	现实
		B4	开放	单点	模糊	中心	规律	低频	稳定	现实
		C1	开放	单点	模糊	中心	随机	高频	变化	记忆
		C4	开放	单点	模糊	中心	规律	低频	稳定	现实
		D1	开放	单点	模糊	中心	随机	高频	变化	记忆
		D4	开放	单点	模糊	中心	随机	高频	变化	现实
		D6	开放	单点	模糊	中心	随机	低频	变化	记忆
		E3	开放	单点	模糊	中心	随机	高频	变化	现实
5	传统三合院民居文化空间	A1	封闭	多发	清楚	中心	随机	高频	变化	现实
		A2	封闭	多发	清楚	中心	随机	高频	变化	现实
		C1	封闭	多发	清楚	中心	随机	高频	变化	记忆
		C2	封闭	多发	清楚	中心	随机	高频	变化	记忆
		C3	封闭	多发	清楚	中心	随机	高频	稳定	现实
		D1	封闭	多发	清楚	中心	随机	高频	变化	记忆

序号	文化空间单元名称	对应文化表现形式代码	空间属性				时间属性			
			开放/封闭	多发/单点	清楚/模糊	中心/边缘	规律/随机	高频/低频	稳定/变化	现实/记忆
5	传统三合院民居文化空间	D2	封闭	单点	模糊	中心	随机	低频	变化	现实
		D3	封闭	多发	清楚	中心	随机	高频	变化	现实
		D4	封闭	多发	清楚	中心	随机	高频	变化	现实
		D5	封闭	单点	模糊	中心	随机	低频	变化	现实
		D6	封闭	多发	清楚	中心	随机	高频	变化	记忆
		D7	封闭	多发	清楚	中心	规律	低频	稳定	现实
		E1	封闭	多发	清楚	中心	随机	高频	稳定	现实
		E2	封闭	单点	模糊	中心	随机	低频	变化	现实
		E3	开放	多发	模糊	中心	随机	高频	变化	现实
		E4	封闭	多发	清楚	中心	随机	高频	变化	现实
		E6	开放	多发	模糊	中心	随机	低频	变化	记忆
		E7	封闭	多发	清楚	中心	随机	高频	稳定	现实
6	传统排屋民居文化空间	A1	封闭	多发	清楚	中心	随机	高频	变化	现实
		A2	封闭	多发	清楚	中心	随机	高频	变化	现实
		B4	封闭	多发	清楚	中心	规律	低频	稳定	现实
		C1	封闭	多发	清楚	中心	随机	高频	变化	记忆
		C2	封闭	多发	清楚	中心	随机	高频	变化	记忆
		C3	封闭	多发	清楚	中心	随机	高频	稳定	现实
		D1	封闭	多发	清楚	中心	随机	高频	变化	记忆
		D2	封闭	单点	模糊	中心	随机	低频	变化	现实
		D3	封闭	多发	清楚	中心	随机	高频	变化	现实
		D4	封闭	多发	清楚	中心	随机	高频	变化	现实
		D5	封闭	单点	模糊	中心	随机	低频	变化	现实
		D7	封闭	多发	清楚	中心	规律	低频	稳定	现实
		E1	封闭	多发	清楚	中心	随机	高频	稳定	现实
		E2	封闭	单点	模糊	中心	随机	低频	变化	现实
		E3	开放	多发	模糊	中心	随机	高频	变化	现实
		E4	封闭	多发	清楚	中心	随机	高频	变化	现实
		E6	开放	多发	模糊	中心	随机	低频	变化	记忆
		E7	封闭	多发	清楚	中心	随机	高频	稳定	现实

续表

序号	文化空间单元名称	对应文化表现形式代码	空间属性				时间属性			
			开放/封闭	多发/单点	清楚/模糊	中心/边缘	规律/随机	高频/低频	稳定/变化	现实/记忆
7	跳花场文化空间	A1	开放	单点	模糊	中心	随机	高频	变化	现实
		B1	开放	单点	模糊	中心	规律	低频	稳定	现实
		B3	开放	单点	模糊	中心	规律	低频	稳定	现实
		B4	开放	单点	模糊	中心	规律	低频	稳定	现实
		C1	开放	单点	模糊	中心	随机	高频	变化	记忆
		C4	开放	单点	模糊	中心	规律	低频	稳定	现实
		D1	开放	单点	模糊	中心	随机	高频	变化	记忆
		D4	开放	单点	模糊	中心	随机	高频	变化	现实
		D6	开放	单点	模糊	中心	随机	低频	变化	记忆
		E3	开放	单点	模糊	中心	随机	高频	变化	现实
8	古屯墙文化空间	B1	开放	单点	模糊	中心	规律	低频	稳定	现实
		B2	开放	单点	模糊	中心	规律	低频	稳定	现实
		C1	开放	单点	清楚	中心	随机	低频	变化	记忆
		C3	开放	单点	清楚	中心	随机	低频	稳定	现实
		D6	开放	单点	模糊	中心	随机	低频	变化	记忆
		E1	封闭	多发	清楚	中心	随机	高频	稳定	现实
		E4	封闭	多发	清楚	中心	随机	高频	变化	现实
		E6	开放	多发	模糊	中心	随机	低频	变化	记忆
9	北寨门文化空间	A1	开放	单点	模糊	中心	随机	高频	变化	现实
		B2	开放	单点	模糊	中心	规律	低频	稳定	现实
		B4	开放	单点	模糊	中心	规律	低频	稳定	记忆
		C1	开放	单点	清楚	中心	随机	低频	变化	记忆
		C3	开放	单点	清楚	中心	随机	低频	稳定	现实
		D1	开放	单点	清楚	中心	随机	低频	变化	记忆
		E1	开放	单点	清楚	中心	随机	低频	稳定	现实
		E3	开放	单点	清楚	中心	随机	高频	变化	现实
		E5	开放	单点	模糊	中心	规律	高频	稳定	记忆
		E6	开放	单点	清楚	中心	随机	低频	变化	记忆
10	南寨门文化空间	A1	开放	单点	模糊	中心	随机	高频	变化	现实
		B2	开放	单点	模糊	中心	规律	低频	稳定	现实

续表

序号	文化空间单元名称	对应文化表现形式代码	空间属性				时间属性			
			开放/封闭	多发/单点	清楚/模糊	中心/边缘	规律/随机	高频/低频	稳定/变化	现实/记忆
10	南寨门文化空间	B4	开放	单点	模糊	中心	规律	低频	稳定	记忆
		C1	开放	单点	清楚	中心	随机	低频	变化	记忆
		C3	开放	单点	清楚	中心	随机	低频	稳定	现实
		D1	开放	单点	清楚	中心	随机	低频	变化	记忆
		E1	开放	单点	清楚	中心	随机	低频	稳定	现实
		E3	开放	单点	清楚	中心	随机	高频	变化	现实
		E5	开放	单点	模糊	中心	规律	高频	稳定	记忆
		E6	开放	单点	清楚	中心	随机	低频	变化	记忆
11	河滩文化空间	A1	开放	单点	模糊	中心	随机	高频	变化	现实
		B2	开放	单点	模糊	中心	规律	低频	变化	记忆
		C1	开放	单点	清楚	中心	随机	高频	变化	记忆
		C2	封闭	多发	清楚	中心	随机	高频	变化	记忆
		C4	开放	单点	模糊	中心	规律	低频	变化	记忆
		D1	开放	单点	清楚	中心	随机	低频	变化	记忆
		D4	开放	单点	模糊	中心	随机	高频	变化	现实
		D6	开放	单点	清楚	中心	随机	低频	变化	记忆
		E3	开放	单点	清楚	中心	随机	高频	变化	现实
12	寨头古井文化空间	A1	开放	单点	模糊	中心	随机	高频	变化	现实
		A2	开放	单点	模糊	中心	随机	高频	变化	现实
		C1	开放	单点	清楚	中心	随机	高频	变化	记忆
		C2	开放	单点	清楚	中心	随机	高频	变化	记忆
		D7	开放	单点	清楚	中心	规律	低频	稳定	记忆
		E3	开放	单点	清楚	中心	随机	高频	变化	现实
13	古银杏树文化空间	A1	开放	单点	模糊	中心	随机	高频	变化	现实
		A2	开放	单点	模糊	中心	随机	高频	变化	现实
		B2	开放	单点	模糊	中心	规律	低频	稳定	现实
		C3	开放	单点	清楚	中心	随机	低频	稳定	现实
		D4	开放	单点	模糊	中心	随机	高频	变化	现实
		D6	开放	单点	清楚	中心	随机	高频	变化	记忆
		E1	开放	单点	清楚	中心	随机	低频	稳定	现实

续表

序号	文化空间单元名称	对应文化表现形式代码	空间属性				时间属性			
			开放/封闭	多发/单点	清楚/模糊	中心/边缘	规律/随机	高频/低频	稳定/变化	现实/记忆
13	古银杏树文化空间	E3	开放	单点	清楚	中心	随机	高频	变化	现实
		E6	开放	单点	清楚	中心	随机	低频	变化	现实
14	古码头文化空间	A1	开放	单点	模糊	中心	随机	高频	稳定	现实
		A2	开放	单点	模糊	中心	随机	高频	稳定	现实
		B2	开放	单点	模糊	中心	规律	低频	变化	现实
		D6	开放	单点	清楚	中心	随机	低频	变化	记忆
		E3	开放	单点	清楚	中心	随机	高频	变化	现实
15	花溪水库文化空间	A1	开放	单点	模糊	中心	随机	高频	稳定	现实
		B2	开放	单点	模糊	中心	规律	低频	变化	现实
		B4	封闭	单点	清楚	中心	随机	高频	变化	现实
		C1	开放	单点	清楚	中心	随机	高频	变化	现实
		C2	封闭	多发	清楚	中心	随机	高频	变化	现实
		C4	开放	单点	模糊	中心	规律	低频	变化	记忆
		D1	开放	单点	清楚	中心	随机	低频	变化	现实
		D4	开放	单点	模糊	中心	随机	高频	稳定	现实
		D6	开放	单点	清楚	中心	随机	低频	变化	记忆
16	生态博物馆资料信息中心文化空间	A1	封闭	单点	清楚	中心	随机	高频	变化	现实
		A2	封闭	单点	清楚	中心	随机	高频	变化	现实
		B1	封闭	单点	清楚	中心	随机	高频	变化	现实
		B2	封闭	单点	清楚	中心	随机	高频	变化	现实
		B3	封闭	单点	清楚	中心	随机	高频	变化	现实
		B4	封闭	单点	清楚	中心	随机	高频	变化	现实
		C1	封闭	单点	清楚	中心	随机	高频	变化	现实
		C2	封闭	单点	清楚	中心	随机	高频	变化	现实
		C3	封闭	单点	清楚	中心	随机	高频	变化	现实
		C4	封闭	单点	清楚	中心	随机	高频	变化	现实
		D1	封闭	单点	清楚	中心	随机	高频	变化	现实
		D2	封闭	单点	清楚	中心	随机	高频	变化	现实
		D3	封闭	单点	清楚	中心	随机	高频	变化	现实
		D4	封闭	单点	清楚	中心	随机	高频	变化	现实
		D5	封闭	单点	清楚	中心	随机	高频	变化	现实

续表

序号	文化空间单元名称	对应文化表现形式代码	空间属性				时间属性			
			开放/封闭	多发/单点	清楚/模糊	中心/边缘	规律/随机	高频/低频	稳定/变化	现实/记忆
16	生态博物馆资料信息中心文化空间	D6	封闭	单点	清楚	中心	随机	高频	变化	现实
		D7	封闭	单点	清楚	中心	随机	高频	变化	现实
		E1	封闭	单点	清楚	中心	随机	高频	变化	现实
		E2	封闭	单点	清楚	中心	随机	高频	变化	现实
		E3	开放	单点	清楚	中心	随机	高频	变化	现实
		E4	封闭	单点	清楚	中心	随机	高频	变化	现实
		E5	开放	单点	清楚	中心	随机	高频	变化	现实
		E6	开放	单点	清楚	中心	随机	高频	变化	现实
		E7	封闭	单点	清楚	中心	随机	高频	变化	现实
17	牛山文化空间	A1	开放	多发	模糊	边缘	随机	高频	变化	现实
		B2	开放	多发	模糊	边缘	规律	低频	稳定	现实
		B5	封闭	单点	清楚	中心	随机	高频	变化	现实
		C1	开放	多发	模糊	边缘	随机	高频	变化	记忆
		C2	开放	多发	模糊	边缘	随机	高频	变化	现实
		D1	开放	多发	模糊	边缘	随机	高频	变化	记忆
		D4	开放	多发	模糊	边缘	随机	高频	变化	现实
		D6	开放	多发	模糊	边缘	随机	低频	变化	记忆
		D7	开放	多发	模糊	边缘	随机	高频	变化	记忆
		E2	开放	多发	模糊	边缘	随机	高频	变化	现实
		E3	开放	多发	模糊	边缘	随机	高频	变化	现实

注：文化表现编号对应的文化表现形式名称详见表4-1-1。

二、镇山村文化空间单元的时空特性（表4-4-2）

镇山村文化空间单元时空特性分析表　　　　　　　表4-4-2

序号	文化空间单元名称	对应文化表现形式代码	地段性						文化空间特性（地段性：3~4、时段性：0~2）
			开放（1）/封闭（0）	多发（1）/单点（0）	清楚（1）/模糊（0）	中心（1）/边缘（0）	分项值	平均值	
1	上寨古巷道文化空间	B2	1	1	0	1	3	2	时段性
		B4	1	1	0	0	2		

续表

序号	文化空间单元名称	对应文化表现形式代码	地段性					平均值	文化空间特性（地段性：3~4、时段性：0~2）
			开放(1)/封闭(0)	多发(1)/单点(0)	清楚(1)/模糊(0)	中心(1)/边缘(0)	分项值		
1	上寨古巷道文化空间	C1	1	1	0	0	2	2	时段性
		C3	1	1	0	0	2		
		D5	1	0	1	0	2		
		E1	1	1	0	1	3		
		E2	1	1	0	0	2		
		E3	1	1	0	0	2		
		E6	1	1	0	1	3		
		E7	1	1	0	0	2		
2	下寨古巷道文化空间	B2	1	1	0	1	3	2	时段性
		B4	1	1	0	0	2		
		C1	1	1	0	0	2		
		C3	1	1	0	0	2		
		D5	1	0	1	0	2		
		E1	1	1	0	1	3		
		E2	1	1	0	0	2		
		E3	1	1	0	0	2		
		E6	1	1	0	1	3		
		E7	1	1	0	0	2		
3	武庙文化空间	B2	0	0	1	1	2	2	时段性
		C3	0	0	1	1	2		
		E3	0	0	1	1	2		
		E6	0	0	1	1	2		
		E7	0	0	1	1	2		
4	晒场文化空间	A1	1	0	0	1	2	2	时段性
		A2	1	0	0	1	2		
		B1	1	0	0	1	2		
		B2	1	0	0	1	2		
		B4	1	0	0	1	2		
		C1	1	0	0	1	2		
		C4	1	0	0	1	2		

续表

序号	文化空间单元名称	对应文化表现形式代码	地段性					平均值	文化空间特性（地段性：3~4、时段性：0~2）
			开放（1）/封闭（0）	多发（1）/单点（0）	清楚（1）/模糊（0）	中心（1）/边缘（0）	分项值		
4	晒场文化空间	D1	1	0	0	1	2	2	时段性
		D4	1	0	0	1	2		
		D6	1	0	0	1	2		
		E3	1	0	0	1	2		
5	传统三合院民居文化空间	A1	0	1	1	1	3	3	地段性
		A2	0	1	1	1	3		
		C1	0	1	1	1	3		
		C2	0	1	1	1	3		
		C3	0	1	1	1	3		
		D1	0	1	1	1	3		
		D2	0	0	0	1	1		
		D3	0	1	1	1	3		
		D4	0	1	1	1	3		
		D5	0	0	0	1	1		
		D6	0	1	1	1	3		
		D7	0	1	1	1	3		
		E1	0	1	1	1	3		
		E2	0	0	0	1	1		
		E3	1	1	1	1	3		
		E4	0	1	1	1	3		
		E6	1	1	0	1	3		
		E7	0	1	1	1	3		
6	传统排屋民居文化空间	A1	0	1	1	1	3	3	地段性
		A2	0	1	1	1	3		
		B4	0	1	1	1	3		
		C1	0	1	1	1	3		
		C2	0	1	1	1	3		
		C3	0	1	1	1	3		
		D1	0	1	1	1	3		
		D2	0	0	0	1	1		

续表

序号	文化空间单元名称	对应文化表现形式代码	地段性					平均值	文化空间特性（地段性：3~4、时段性：0~2）
			开放（1）/封闭（0）	多发（1）/单点（0）	清楚（1）/模糊（0）	中心（1）/边缘（0）	分项值		
6	传统排屋民居文化空间	D3	0	1	1	1	3	3	地段性
		D4	0	1	1	1	3		
		D5	0	0	0	1	1		
		D7	0	1	1	1	3		
		E1	0	1	1	1	3		
		E2	0	0	0	1	1		
		E3	1	1	0	1	3		
		E4	0	1	1	1	3		
		E6	1	1	0	1	3		
		E7	0	1	1	1	3		
7	跳花场文化空间	A1	1	0	0	1	2	2	时段性
		B1	1	0	0	1	2		
		B3	1	0	0	1	2		
		B4	1	0	0	1	2		
		C1	1	0	0	1	2		
		C4	1	0	0	1	2		
		D1	1	0	0	1	2		
		D4	1	0	0	1	2		
		D6	1	0	0	1	2		
		E3	1	0	0	1	2		
8	古屯墙文化空间	B1	1	0	0	1	2	3	地段性
		B2	1	0	0	1	2		
		C1	1	0	1	1	3		
		C3	1	0	1	1	3		
		D6	1	0	0	1	2		
		E1	0	1	1	1	3		
		E4	0	1	1	1	3		
		E6	1	1	0	1	3		
9	北寨门文化空间	A1	1	0	0	1	2	3	地段性
		B2	1	0	0	1	2		

序号	文化空间单元名称	对应文化表现形式代码	地段性					平均值	文化空间特性（地段性：3~4、时段性：0~2）
			开放（1）/封闭（0）	多发（1）/单点（0）	清楚（1）/模糊（0）	中心（1）/边缘（0）	分项值		
9	北寨门文化空间	B4	1	0	0	1	2	3	地段性
		C1	1	0	1	1	3		
		C3	1	0	1	1	3		
		D1	1	0	1	1	3		
		E1	1	0	1	1	3		
		E3	1	0	1	1	3		
		E5	1	0	0	1	2		
		E6	1	0	1	1	3		
10	南寨门文化空间	A1	1	0	0	1	2	3	地段性
		B2	1	0	0	1	2		
		B4	1	0	0	1	2		
		C1	1	0	1	1	3		
		C3	1	0	1	1	3		
		D1	1	0	1	1	3		
		E1	1	0	1	1	3		
		E3	1	0	1	1	3		
		E5	1	0	0	1	2		
		E6	1	0	1	1	3		
11	河滩文化空间	A1	1	0	0	1	2	3	地段性
		B2	1	0	0	1	2		
		C1	1	0	1	1	3		
		C2	0	1	1	1	3		
		C4	1	0	0	1	2		
		D1	1	0	1	1	3		
		D4	1	0	0	1	2		
		D6	1	0	1	1	3		
		E3	1	0	1	1	3		
12	寨头古井文化空间	A1	1	0	0	1	2	3	地段性
		A2	1	0	0	1	2		
		C1	1	0	1	1	3		

序号	文化空间单元名称	对应文化表现形式代码	地段性					平均值	文化空间特性（地段性：3~4、时段性：0~2）
			开放（1）/封闭（0）	多发（1）/单点（0）	清楚（1）/模糊（0）	中心（1）/边缘（0）	分项值		
12	寨头古井文化空间	C2	1	0	1	1	3	3	地段性
		D7	1	0	1	1	3		
		E3	1	0	1	1	3		
13	古银杏树文化空间	A1	1	0	0	1	2	3	地段性
		A2	1	0	0	1	2		
		B2	1	0	0	1	2		
		C3	1	0	1	1	3		
		D4	1	0	0	1	2		
		D6	1	0	1	1	3		
		E1	1	0	1	1	3		
		E3	1	0	1	1	3		
		E6	1	0	1	1	3		
14	古码头文化空间	A1	1	0	0	1	2	2	时段性
		A2	1	0	0	1	2		
		B2	1	0	0	1	2		
		D6	1	0	1	1	3		
		E3	1	0	1	1	3		
15	花溪水库文化空间	A1	1	0	0	1	2	2	时段性
		B2	1	0	0	1	2		
		B4	0	0	1	1	2		
		C1	1	0	1	1	3		
		C2	0	1	1	1	3		
		C4	1	0	0	1	2		
		D1	1	0	1	1	3		
		D4	1	0	0	1	2		
		D6	1	0	1	1	3		
16	生态博物馆资料信息中心文化空间	A1	0	0	1	1	2	2	时段性
		A2	0	0	1	1	2		
		B1	0	0	1	1	2		
		B2	0	0	1	1	2		
		B3	0	0	1	1	2		

续表

序号	文化空间单元名称	对应文化表现形式代码	地段性						文化空间特性（地段性：3~4、时段性：0~2）
			开放（1）/封闭（0）	多发（1）/单点（0）	清楚（1）/模糊（0）	中心（1）/边缘（0）	分项值	平均值	
16	生态博物馆资料信息中心文化空间	B4	0	0	1	1	2	2	时段性
		C1	0	0	1	1	2		
		C2	0	0	1	1	2		
		C3	0	0	1	1	2		
		C4	0	0	1	1	2		
		D1	0	0	1	1	2		
		D2	0	0	1	1	2		
		D3	0	0	1	1	2		
		D4	0	0	1	1	2		
		D5	0	0	1	1	2		
		D6	0	0	1	1	2		
		D7	0	0	1	1	2		
		E1	0	0	1	1	2		
		E2	0	0	1	1	2		
		E3	1	0	1	1	3		
		E4	0	0	1	1	2		
		E5	1	0	1	1	3		
		E6	1	0	1	1	3		
		E7	0	0	1	1	2		
17	牛山文化空间	A1	1	1	0	0	2	2	时段性
		B2	1	1	0	0	2		
		B5	0	0	1	1	2		
		C1	1	1	0	0	2		
		C2	1	1	0	0	2		
		D1	1	1	0	0	2		
		D4	1	1	0	0	2		
		D6	1	1	0	0	2		
		D7	1	1	0	0	2		
		E2	1	1	0	0	2		
		E3	1	1	0	0	2		

注：文化表现编号对应的文化表现形式名称详见表4-1-1。

三、镇山村文化空间单元的活力指数（表4-4-3）

镇山村文化空间单元活力指数分析表　　　　　表4-4-3

序号	文化空间单元名称	对应文化表现形式代码	时段性					综合活力指数
			规律（1）/随机（0）	高频（1）/低频（0）	稳定（1）/变化（0）	现实（1）/记忆（0）	分项值	
1	上寨古巷道文化空间	B2	1	0	1	1	3	21
		B4	1	0	1	1	3	
		C1	0	1	0	0	1	
		C3	0	1	0	1	2	
		D5	1	0	0	1	2	
		E1	0	0	1	1	2	
		E2	0	0	0	1	1	
		E3	0	1	1	1	3	
		E6	0	0	1	1	2	
		E7	0	1	0	1	2	
2	下寨古巷道文化空间	B2	1	0	1	1	3	21
		B4	1	0	1	1	3	
		C1	0	1	0	0	1	
		C3	0	1	0	1	2	
		D5	1	0	0	1	2	
		E1	0	0	1	1	2	
		E2	0	0	0	1	1	
		E3	0	1	1	1	3	
		E6	0	0	1	1	2	
		E7	0	1	0	1	2	
3	武庙文化空间	B2	1	0	1	0	2	9
		C3	0	0	1	1	2	
		E3	0	1	1	1	3	
		E6	0	0	0	0	0	
		E7	0	0	1	1	2	
4	晒场文化空间	A1	0	1	0	1	2	22
		A2	0	1	0	1	2	
		B1	1	0	1	1	3	
		B2	1	0	1	1	3	

序号	文化空间单元名称	对应文化表现形式代码	时段性					综合活力指数
			规律(1)/随机(0)	高频(1)/低频(0)	稳定(1)/变化(0)	现实(1)/记忆(0)	分项值	
4	晒场文化空间	B4	1	0	1	1	3	22
		C1	0	1	0	0	1	
		C4	1	0	1	1	3	
		D1	0	1	0	0	1	
		D4	0	1	0	1	2	
		D6	0	0	0	0	0	
		E3	0	1	0	1	2	
5	传统三合院民居文化空间	A1	0	1	0	1	2	31
		A2	0	1	0	1	2	
		C1	0	1	0	0	1	
		C2	0	1	0	0	1	
		C3	0	1	1	1	3	
		D1	0	1	0	0	1	
		D2	0	0	0	1	1	
		D3	0	1	0	1	2	
		D4	0	1	0	1	2	
		D5	0	0	0	1	1	
		D6	0	1	0	0	1	
		D7	1	0	1	1	3	
		E1	0	1	1	1	3	
		E2	0	0	0	0	0	
		E3	0	1	0	1	2	
		E4	0	1	0	1	2	
		E6	0	0	0	0	0	
		E7	0	1	1	1	3	
6	传统排屋民居文化空间	A1	0	1	0	1	2	33
		A2	0	1	0	1	2	
		B4	1	0	1	1	3	
		C1	0	1	0	0	1	
		C2	0	1	0	0	1	

序号	文化空间单元名称	对应文化表现形式代码	时段性					综合活力指数
			规律(1)/随机(0)	高频(1)/低频(0)	稳定(1)/变化(0)	现实(1)/记忆(0)	分项值	
6	传统排屋民居文化空间	C3	0	1	1	1	3	33
		D1	0	1	0	0	1	
		D2	0	0	0	1	1	
		D3	0	1	0	1	2	
		D4	0	1	0	1	2	
		D5	0	0	0	1	1	
		D7	1	0	1	1	3	
		E1	0	1	1	1	3	
		E2	0	0	0	1	1	
		E3	0	1	0	1	2	
		E4	0	1	0	1	2	
		E6	0	0	0	0	0	
		E7	0	1	1	1	3	
7	跳花场文化空间	A1	0	1	0	1	2	20
		B1	1	0	1	1	3	
		B3	1	0	1	1	3	
		B4	1	0	1	1	3	
		C1	0	1	0	0	1	
		C4	1	0	1	1	3	
		D1	0	1	0	0	1	
		D4	0	1	0	1	2	
		D6	0	0	0	0	0	
		E3	0	1	0	1	2	
8	古屯墙文化空间	B1	1	0	1	1	3	13
		B2	1	0	1	1	3	
		C1	0	0	0	0	0	
		C3	0	0	1	1	2	
		D6	0	0	0	0	0	
		E1	0	1	1	1	3	
		E4	0	1	0	1	2	
		E6	0	0	0	0	0	

序号	文化空间单元名称	对应文化表现形式代码	时段性					综合活力指数
			规律（1）/随机（0）	高频（1）/低频（0）	稳定（1）/变化（0）	现实（1）/记忆（0）	分项值	
9	北寨门文化空间	A1	0	1	0	1	2	16
		B2	1	0	1	1	3	
		B4	1	0	1	0	2	
		C1	0	0	0	0	0	
		C3	0	0	1	1	2	
		D1	0	0	0	0	0	
		E1	0	0	1	1	2	
		E3	0	1	0	1	2	
		E5	1	1	1	0	3	
		E6	0	0	0	0	0	
10	南寨门文化空间	A1	0	1	0	1	2	16
		B2	1	0	1	1	3	
		B4	1	0	1	0	2	
		C1	0	0	0	0	0	
		C3	0	0	1	1	2	
		D1	0	0	0	0	0	
		E1	0	0	1	1	2	
		E3	0	1	0	1	2	
		E5	1	1	1	0	3	
		E6	0	0	0	0	0	
11	河滩文化空间	A1	0	1	0	1	2	10
		B2	1	0	0	0	1	
		C1	0	1	0	0	1	
		C2	0	1	0	0	1	
		C4	1	0	0	0	1	
		D1	0	0	0	0	0	
		D4	0	1	0	1	2	
		D6	0	0	0	0	0	
		E3	0	1	0	1	2	

续表

序号	文化空间单元名称	对应文化表现形式代码	时段性					综合活力指数
			规律(1)/随机(0)	高频(1)/低频(0)	稳定(1)/变化(0)	现实(1)/记忆(0)	分项值	
12	寨头古井文化空间	A1	0	1	0	1	2	10
		A2	0	1	0	1	2	
		C1	0	1	0	0	1	
		C2	0	1	0	0	1	
		D7	1	0	1	0	2	
		E3	0	1	0	1	2	
13	古银杏树文化空间	A1	0	1	0	1	2	17
		A2	0	1	0	1	2	
		B2	1	0	1	1	3	
		C3	0	0	1	1	2	
		D4	0	1	0	1	2	
		D6	0	1	0	0	1	
		E1	0	0	1	1	2	
		E3	0	1	0	1	2	
		E6	0	0	0	1	1	
14	古码头文化空间	A1	0	1	1	1	3	10
		A2	0	1	1	1	3	
		B2	1	0	0	1	2	
		D6	0	0	0	0	0	
		E3	0	1	0	1	2	
15	花溪水库文化空间	A1	0	1	1	1	3	16
		B2	1	0	0	1	2	
		B4	0	1	0	1	2	
		C1	0	1	0	1	2	
		C2	0	1	0	1	2	
		C4	1	0	0	0	1	
		D1	0	0	0	1	1	
		D4	0	1	1	1	3	
		D6	0	0	0	0	0	

续表

序号	文化空间单元名称	对应文化表现形式代码	时段性					综合活力指数
			规律（1）/随机（0）	高频（1）/低频（0）	稳定（1）/变化（0）	现实（1）/记忆（0）	分项值	
16	生态博物馆资料信息中心文化空间	A1	0	1	0	1	2	48
		A2	0	1	0	1	2	
		B1	0	1	0	1	2	
		B2	0	1	0	1	2	
		B3	0	1	0	1	2	
		B4	0	1	0	1	2	
		C1	0	1	0	1	2	
		C2	0	1	0	1	2	
		C3	0	1	0	1	2	
		C4	0	1	0	1	2	
		D1	0	1	0	1	2	
		D2	0	1	0	1	2	
		D3	0	1	0	1	2	
		D4	0	1	0	1	2	
		D5	0	1	0	1	2	
		D6	0	1	0	1	2	
		D7	0	1	0	1	2	
		E1	0	1	0	1	2	
		E2	0	1	0	1	2	
		E3	0	1	0	1	2	
		E4	0	1	0	1	2	
		E5	0	1	0	1	2	
		E6	0	1	0	1	2	
		E7	0	1	0	1	2	
17	牛山文化空间	A1	0	1	0	1	2	18
		B2	1	0	1	1	3	
		B5	0	1	0	1	2	

续表

序号	文化空间单元名称	对应文化表现形式代码	时段性					综合活力指数
			规律（1）/随机（0）	高频（1）/低频（0）	稳定（1）/变化（0）	现实（1）/记忆（0）	分项值	
17	牛山文化空间	C1	0	1	0	0	1	18
		C2	0	1	0	1	2	
		D1	0	1	0	0	1	
		D4	0	1	0	1	2	
		D6	0	0	0	0	0	
		D7	0	1	0	0	1	
		E2	0	1	0	1	2	
		E3	0	1	0	1	2	

注：文化表现编号对应的文化表现形式名称详见表4-1-1。

分析结果表明（详见表4-4-1～表4-4-3），镇山村的17处文化空间单元的时空特性分布倾向地段性，有75%（12处）文化空间单元是地段性文化空间，有25%（4处）是时段性文化空间，属于地段性文化空间单元的数量是时段性文化空间单元数的3倍。地段性文化空间包括武庙文化空间、晒场文化空间、跳花场文化空间、牛山文化空间，地段性文化空间所承载的文化表现形式中（如布依族"六月六"，花溪苗族跳场等），以具有周期性、重复性的为主，且文化表现形式的主体活动需要在相对稳定、相对明确的空间范围中进行。时段性文化空间包括上寨古巷道文化空间、下寨古巷道文化空间、传统三合院民居文化空间、传统排屋民居文化空间、北寨门文化空间、南寨门文化空间、河滩文化空间、寨头古井文化空间、古银杏树文化空间、古码头文化空间、生态博物馆文化空间、花溪水库文化空间，这些文化空间所承载的文化表现形式以具有随机性、高频性为主，且文化表现形式的主体活动在空间上具有连续、多发等特点（图4-4-1）。

分析结果还表明，17处文化空间单元中，生态博物馆资料信息中心、传统三合院民居文化空间、传统排屋民居文化空间、上寨古巷道文化空间、下寨古巷道文化空间的活力指数最高，除生态博物馆资料信息中心位单点、集成型文化空间，其他文化空间。此外，从分析结果还看出，个别文化空间活力指数偏低，其根本原因是其文化空间承载的文化表现形式随着时间的变化在空间上发生转移或因为不可抗因素导致其传统功能的丧失，致使这类文化空间对应的文化表现形式以变化、记忆特性为主导，其活力指数也较低（图4-4-2）。

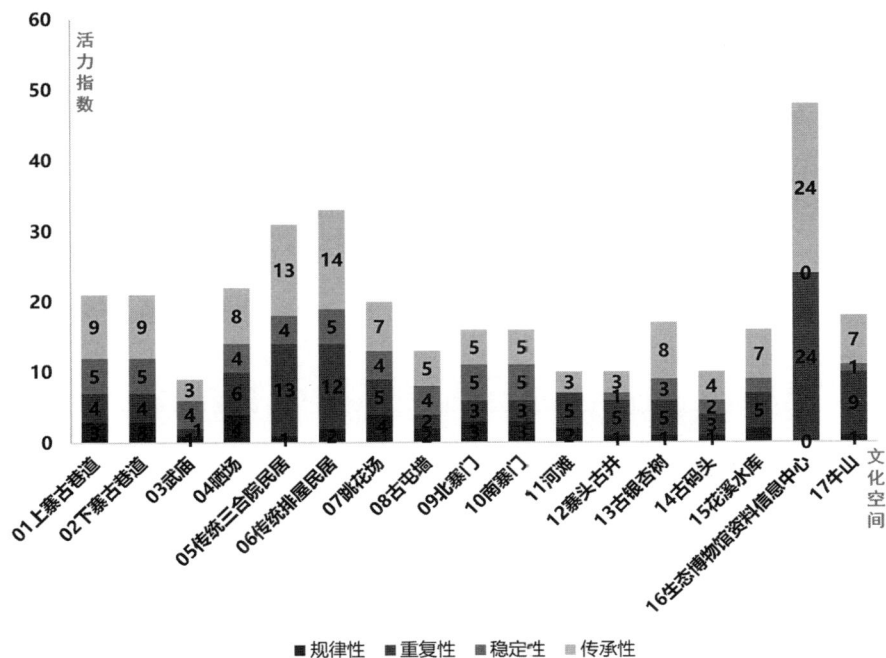

图4-4-1　文化空间单元时空特性分布图

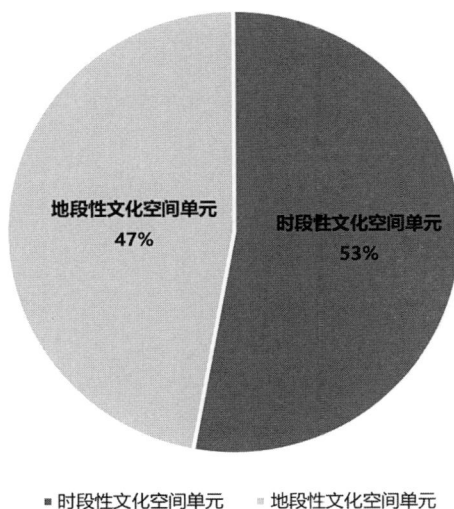

图4-4-2　文化空间单元活力指数分布图

第五章

镇山村文化空间识别成果的应用方向探索

第一节　镇山村文化空间识别结果应用于传统村落示范村建设

一、镇山村中国传统村落保护发展省级示范村的立项背景

（一）贵州省传统村落保护发展省级示范村选择与立项

贵州省的中国传统村落数量居全国第一，自2018年以来，贵州省推出了以建立示范村的形式推进传统村落保护发展的行动，分别于2018年、2019年、2020年分三批遴选了共41个中国传统村落作为省级示范村开展探索实践（表5-1-1），建设期为三年。贵阳市花溪区镇山村属于贵州省2018年第一批15个省级中国传统村落保护发展示范村之一。

2018年贵州省中国传统村落保护发展示范村名单　　　　　表5-1-1

序号	所属省	所属市/州	所属县	村名	中国传统村落名录批次
1	贵州省	黔东南苗族侗族自治州	台江县	登鲁村	第二批
2	贵州省	黔西南苗族布依族自治州	册亨县	板万村	第三批
3	贵州省	铜仁市	石阡县	楼上村	第一批
4	贵州省	黔东南苗族侗族自治州	剑河县	基佑村	第二批
5	贵州省	六盘水市	盘州市	妥乐村	第三批
6	贵州省	黔东南苗族侗族自治州	从江县	占里村	第三批
7	贵州省	贵阳市	花溪区	镇山村	第一批
8	贵州省	黔东南苗族侗族自治州	黎平县	黄岗村	第一批
9	贵州省	安顺市	镇宁县	高荡村	第二批
10	贵州省	黔东南苗族侗族自治州	榕江县	大利村	第一批
11	贵州省	黔南苗族布依族自治州	三都县	怎雷村	第一批
12	贵州省	铜仁市	松桃县	大湾村	第四批
13	贵州省	黔东南苗族侗族自治州	雷山县	格头村	第二批
14	贵州省	遵义市	播州区	苟坝村	第三批
15	贵州省	铜仁市	印江县	团龙村	第二批

（二）镇山村作为中国传统村落保护发展省级示范村的立项情况

2018年，为做好镇山村传统村落示范保护发展相关工作，根据贵州省传统村落保护发展工作领导小组办公室《关于2018年全省传统村落示范村保护发展实施方案编制和备核的通知》，按照《贵州省传统村落保护发展条例》《贵州省人民政府关于加强传统村落

保护发展的指导意见》（黔府发〔2015〕14号），镇山村编制了《石板镇镇山村传统村落示范村保护发展项目实施方案》，经市推荐申报、专家评审，花溪区石板镇镇山村被列入"2018年贵州省传统村落保护发展示范村"重点打造。

（三）贵州省传统村落保护发展省级示范村验收与评估

2022年贵州省住房和城乡建设厅组织了对第一批省级传统村落保护发展示范村的验收评估，对示范村建设进展、省级补助资金使用情况、条例法规执行情况、主题定位落实情况，以及基础设施、特色产业、文化遗产保护、管理示范提升情况，进行了全面评估，结果表明：传统村落示范村建设按照"一主题、四提升"目标和总要求顺利推行，多数村落主题定位逐步清晰，四个提升成绩显著。

一是基础设施日臻完善，公共服务水平得到提高。交通、消防安全、污水处理、垃圾转运、电力电讯、环境提升、景观美度、设施服务等方面有较为明显的改善，大部分村落能够整合财政、发改、环保、文化、农业农村、交通、民宗、旅游等多部门农村人居环境改善资金、脱贫攻坚建设资金等共同推动传统村落基础设施建设示范，项目实施总体情况较好。如有些传统村落整合脱贫攻坚资金用于村落基础设施建设；有些传统村落针对资金短缺的客观情况，发动村民参与修建步道河堤、三改等，既降低了建设成本，又延续了村落传统风貌，并培养了传统工匠。基础设施提升为传统村落发展打下坚实基础。

二是特色产业主题渐明，带动效应逐步显现。传统村落产业品牌初显、产业业态丰富、产业链条向纵深延展，带动效应逐步明显。各示范村有的以农业农村资源为依托，鼓励村民自愿参与传统村落资源开发，市场导向、利益分享、政府支持的地域特色产业链向纵深延展，有的大力发展旅游业特色产业发展初步形成多路突破局面。

三是遗产保护思路多样，文化软实力逐步加强。物质和非物质文化遗产传承双路并行。多数传统村落传统建筑、历史环境要素等物质文化保护较好，保持了传统村落总体风貌，同时在非物质文化挖掘和传承方面做了多项探索。如雷山格头村开展文化空间识别，建立文化基因库，建设非遗工坊项目，花溪区镇山村结合生态博物馆标准化建设持续开展田野调查、维护升级的文化遗产保护传承模式，传统村落的真实性、完整性、延续性得到较好诠释。

四是管理提升百花齐放，乡风文明水平日益提高。政府引导、社会参与、村民自治的乡村治理模式百花齐放。多数示范村充分发挥了村规民约的约束作用，保护意识得到加强。在中期阶段性评估督导之后影响传统村落风貌的不当建设行为得到有力抑制，传统村落的整体质量有所提升。示范经验呈现多方探索和多路齐放的良好局面。经过示范期培育，传统村落特色产业多路突破、文化遗产保护找准方向、管理机制逐步建立。有三变路径、特色引领全局、核心带动周边的探索，有党建引领、公益团体介入、民风主导乡村治理的例子[3]。这些经验有的是接近成熟，有的是培育发展，对于传统村落保护发展这一永恒主题而言，各示范村积极探索、敢于创新、各显才干、成效初显。如镇宁县高荡村，将文旅融合的常见路径走深走广；册亨县板万村由志愿者公益团体介入起步，拓展引入运营团队，探索试验传统村落产品运营的基本思维和逻辑；播州区苟坝村以传统村落为基底，走出红色文化美丽乡村的新局面；花溪区镇山村在水源地保护等资源约束下由艺术家新村民借力发展探索；榕江县大利村的公益诉讼保风貌实践等均取得较好成效。

五是示范实践出现高校助力和技术解题的发展态势。"示范村"的引力、传统村落的魅力、技术攻关的难题吸引了众多高校科研团队参与研究、硬核科研技术在传统村落的深度应用。如贵州大学团队在花溪区镇山村和雷山县格头村应用了文化空间识别技术，获得全省科技进步二等奖，使得非物质文化遗产保护目标对象空间能够清晰；以榕江县大利村为素材研发的虚拟仿真实验项目被评为教育部国家一流课程，国家虚拟实验平台网站在线共享，成为宣传、解析大利传统村落文化遗产的教材级产品；复旦大学团队在石阡楼上村的研究为乡村数字经济发展提供了底蕴厚重的基础素材；中央美院教师团队在册亨县板万村的建设实践在媒体上的宣传赢得了前所未有的社会关注度等。传统村落防火防灾也用上了消防规范、专利技术、智慧消防电丁丁应用等科技产品的支撑，2018年以来发布的几个传统村落标准导则在示范村建设中得以检验，包括贵州地方标准《传统村落火灾防控规范》（DB52/T 1504–2020）、贵州省住建厅行业导则《贵州传统村落传统建筑修缮技术导则》（2019）、《贵州传统村落消防安全技术导则》（2019）等[34]。

二、镇山村省级中国传统村落保护发展示范村的建设思路

（一）镇山村省级中国传统村落保护发展示范村的主题

镇山村省级中国传统村落保护发展示范村是以传统村落文化空间识别与传承为抓手，引导正趋于空巢的镇山村成为传统资源严格保护、非物质文化活态传承、文化空间积极复兴、艺术家工作站逐步导入、布依族生态博物馆标准化建设的传统村落保护发展示范村。

本研究团队作为石板镇镇山村传统村落示范村保护发展项目的技术指导团队，参与了实施方案的编制和建设全过程，融入了村寨文化空间的识别技术与结果应用：首先，对文化空间进行基础识别，然后根据文化空间识别成果，结合镇山村已经初见端倪的艺术家入驻趋势，探讨文化空间复兴的艺术家村的传统村落示范村保护发展建设方案，通过解析村落文化空间现状，识别文化空间单元和线路，制定保护修缮措施，提出"文化空间复兴+艺术家村"的创新发展思路。

（二）镇山村省级中国传统村落保护发展示范村的提升目标

1. 基础设施建设提升目标：完善基础设施，按照贵州省农村人居环境改善10+N的标准综合提升农村人居环境，设施建设须符合《镇山村传统村落保护发展规划》的相关规定。

2. 文化遗产保护提升目标：修缮文化空间系列节点，包括传统民居三合院文化空间、武庙院落文化空间、寨门文化空间、屯墙文化空间、古码头文化空间、传统街巷文化空间等；对传统建筑和文化空间进行挂牌保护；整修不协调现代建筑，按镇山村传统民居文化基因特点对几栋现代建筑进行示范整修；通过对文化空间的保护与活力引导，为非物质文化遗产文化表现形式的传承和发展提供空间载体和时间引导。

3. 特色产业示范提升目标：建立镇山村文化基因库，持续挖掘传统村落保护价值并强化文化产业发展新动能，通过镇山村传统村落+艺术家工作站联动发展模式、推动村集体土地文旅版块出租，带动文化旅游业发展，探索在水源地保护等资源紧缺约束下的艺术家新村民参与的艺术家村产业发展模式。

4. 管理示范提升工程目标：持续开展镇山村生态博物馆资料信息中心数据库的动态记录、归档和活化利用，围绕文化空间节点，开展镇山村共同缔造专项行动，积极引导镇山村非物质文化遗产活动的开展。

三、镇山村保护发展示范村的建设内容

镇山村省级中国传统村落保护发展示范村的建设内容主要围绕文化空间修复和活化利用展开，共修缮文化空间5组，涉及建筑规模约3100多平方米、院落及场地规模近2000平方米；增设标识牌45块，包括传统村落标识牌1套、文化空间标识牌40套、历史环境要素标示牌4套（表5-1-2、图5-1-1）。

镇山村省级中国传统村落保护发展示范村建设项目一览表　　　　表5-1-2

序号	子项名称	建设内容	措施
1	风貌不协调民居建筑整修	按照风貌协调的原则，对班有年宅、班七玉宅、班小清宅几栋现代民居建筑进行改造整修，形成与传统村落传统风貌相协调的石板屋顶、木嵌石墙面和建筑装饰细节。面积约1500平方米	改造
2	传统三合院民居文化空间保护修缮	依据历史格局，按照修旧如旧的原则，修缮班家光宅、班有志宅、班家益宅、班有加宅、李文珍宅、班有志宅等几处三合院民居院落，对屋顶进行揭顶维修、对木结构屋架进行加固，更换糟朽的墙板和门窗等。面积约1600平方米	修缮

续表

序号	子项名称	建设内容	措施
3	武庙文化空间保护修缮	依据历史格局，按照修旧如旧的原则，对武庙院落的院落地墁、围墙进行修整，按照修旧如旧的原则进行。面积约200平方米	修缮
4	古巷道文化空间保护修缮	依据历史格局，按照修旧如旧的原则，修缮上寨古巷道、下寨古巷道路面。面积约350平方米	修缮
5	古屯墙及南寨门文化空间保护修缮	对古屯墙顶部的墙体、墙垛、步道进行维修，屯墙是文物本体，保持文物本体的原真性，采用具有一定历史年代的当地青石旧材料；对南寨门内西侧空地进行清理和修缮，梳理交通空间，增设植被，提升从南寨门空地通往古屯墙顶部步道的转换空间节点的品质。面积约1350平方米	修缮
6	码头文化空间保护修缮	对临水的码头的空地进行梳理，将水泥地面更换为古青石地墁，增加透水性，加强对码头古树的保护措施，提升码头文化空间的节点品质。面积约300平方米	修缮
7	文化空间标识牌	增设中国传统村落标识牌、传统建筑标识牌、文化空间节点、历史环境要素的标识牌45处	新建

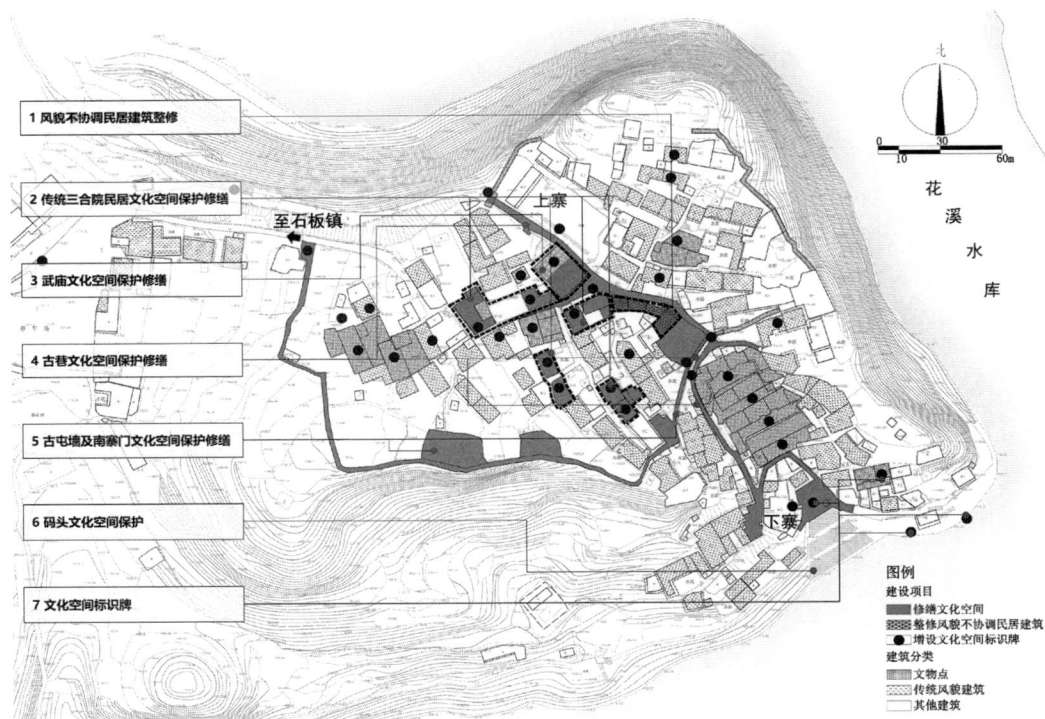

图5-1-1　镇山村传统村落示范村建设项目总平面图（来源：王希 绘，时间：2019年9月）

（一）风貌不协调民居建筑整修

整治改造5栋不协调建筑，规模724平方米，包括班有年宅（西楼）106平方米、班有年宅（东楼）100平方米、班有志宅（厢房、倒座）210平方米、班七玉宅120平方米、班小清宅188平方米。班小清宅整治改造措施，屋顶：在建筑北侧沿街面增设坡屋面，中部设栏杆，南部楼梯间增设坡屋面，增设屋面为当地传统木构架坡屋面，屋面材质为石板瓦错缝铺设，增设防水层。墙体：一层沿街面外墙，二层山墙采用200～400毫米、长50～100毫米、宽10～20毫米厚自然面青石条错缝铺贴（不勾缝不露浆、表面凹凸错位）；二层沿街面外墙采用真石漆饰面（仿石板做旧处理），局部用半圆木柱及木条装饰。门窗：拆除现有门窗；一层商铺门更换为传统样式木质格扇门，其余窗户更换为传统木格窗。披檐：在沿街面一层增设木构架，顶部为石板瓦披檐。拆除现状破损严重、存在安全隐患的屋顶，更换为当地传统木构架坡屋顶，屋面材质为石板瓦错缝铺设，墙体：一层外墙采用200～400毫米、长50～100毫米、宽10～20毫米厚自然面青石条错缝铺贴（不勾缝不露浆、表面凹凸错位）；二层外墙采用真石漆饰面（仿石板做旧处理），局部用半圆木柱及木条装饰。门窗：保留院落大门，拆除其余现有门窗；一层商铺门更换为传统样式木质格扇门，拆除一层中间门面原砖砌实墙，留商铺门洞，增设木质格扇门；二层窗户更换为传统木格窗，根据窗户设计位置，调整窗洞大小。披檐：拆除建筑后期加建砖柱及披檐，在沿街面一层增设木构架，顶部为石板瓦披檐。

整治改造5栋不协调建筑，规模724平方米，包括班有志宅（厢房、倒座）210平方米、班有年宅（西楼）106平方米、班有年宅（东楼）100平方米、班七玉宅120平方米、班小清宅188平方米（图5-1-2～图5-1-5）。

（二）传统三合院民居建筑文化空间保护修缮

按照修旧如旧的原则，保持原形制、原结构、运用原工艺技术，对班家光宅、班有志宅、班家益宅、班有加宅、李文珍宅等几处三合院民居建筑和院落进行保护修缮，修缮建筑面积约1600平方米，对建筑屋顶、墙体、柱、门窗、楼地面、院落等进行修缮，如对民居正房、厢房的木结构屋架进行加固，对歪斜的柱、柱根糟朽严重采用打牮拨正歪闪木柱、墩接柱根的方式修缮，采用传统工艺对石板屋面揭瓦修缮，更换糟朽椽皮、檩条，更换糟朽的墙板和门窗，补配佚失的门窗，拆除后期加装更换为传统木窗，拆除后期加建的墙体，恢复原石墙，按原工艺补配院落破损老青石地幔，重新砌存在安全隐患的院墙，恢复建筑历史原貌及院落空间，适当增加庭院绿化和休息设施（图5-1-6～图5-1-8）。

沿街立面实施前照片（时间：2019年）　　沿街立面实施后照片（时间：2021年）

山墙面实施前照片（时间：2019年）　　山墙面实施后照片（时间：2020年）

图5-1-2　传统三合院民居文化空间——班有志宅（厢房、倒座）实施前后对比

实施前照片（时间：2019年）　　　实施后照片（时间：2021年）

图5-1-3　传统三合院民居文化空间——班有年宅（西楼）实施前后对比

实施前照片（时间：2019年）　　　　　　　实施后照片（时间：2021年）

图5-1-4　传统三合院民居文化空间——班有年宅（东楼）实施前后对比

实施前照片（时间：2019年）　　　　　　　实施后照片（时间：2020年）

图5-1-5　传统三合院民居文化空间——班七玉宅实施前后对比

实施前照片（时间：2019年）　　　　　　　实施后照片（时间：2020年）

图5-1-6　三合院民居——班晓雁宅全景

一层平面图　　　　　　　　二层平面图

东立面图　　　　　　　　西立面图

1-1剖面图　　　　　　　　南立面图

图5-1-7　三合院民居——班晗雁宅现状图

图5-1-8　传统三合院民居文化空间——班有志宅实施前后对比

（三）武庙文化空间保护修缮

修缮武庙院落，规模200平方米，修缮内容包括整修地幔、围墙、栏杆等。在镇山武庙院落范围内进行保护修缮，以保护已经延续100多年历史的现有厢房及倒座建筑遗址格局为原则，拆除后期加建院墙、后期铺设的不协调地幔及相关附属设施，采用传统工艺铺设可供村民休息驻足的青石地幔和座凳设施，作为正殿文物建筑及周边文物点的重要展示空间观察点（图5-1-9）。

（四）古巷道文化空间保护修缮

修缮北寨门至爬山巷，规模151平方米，修缮内容包括整修铺地、改造增设沿线围墙栏杆等。采用当地8厘米厚自然面青石板更换现状破损青石板和后期改建水泥铺地，清除爬山巷石阶上后期加建坡道，保持历史街巷传统风貌。下寨古巷文化空间：修缮

围墙实施前照片（时间：2019年）　　　　　围墙实施后照片（时间：2020年）

院落实施前照片（时间：2019年）　　　　　院落实施后照片（时间：2020年）

图5-1-9　武庙文化空间实施前后对比

| 实施前照片（时间：2019年） | 实施后照片（时间：2020年） |

图5-1-10　上寨古巷文化空间实施前后对比

北寨门至爬山巷，规模207平方米，修缮内容包括整修铺地、改造增设沿线围墙栏杆等。采用当地8厘米厚自然面青石板更换现状破损青石板和后期改建水泥铺地；拆除后期加建砖砌护栏，更换为传统样式石砌护栏，保持历史街巷传统风貌（图5-1-10、图5-1-11）。

（五）古屯墙及南寨门文化空间保护修缮

古屯墙文化空间：拆除后期加建砖砌花池，将其缩小至场地西南部，采用30厘米宽、40厘米高石砌花池围合绿化空间；地面采用50～100厘米长、30～50厘米宽、8厘米厚青石板规格变化错缝铺设；调整与屯墙连接的石台阶和坡道的数量及坡度；在树池边增设青石整石休息座凳；清理现状杂乱的植物，保留长势较好的乔木，增补部分乔木及灌木；屯墙修缮，以保护延续400多年历史的现有屯墙格局为原则，采用传统工艺对歪斜、开裂、佚失的墙体进行修缮，拆除后期铺设的不协调地幔，铺设与屯墙历史风貌协调的青石地幔，恢复镇山屯墙历史原貌，作为镇山屯堡文化的展示空间，传承文化价值内涵。屯墙休息平台修缮，修复现状破损青石板地面、青石台阶和石砌围墙，新建青石围墙；拆除后期加建砖砌桌凳，更换为青石桌凳；采用30厘米宽、40厘米高石砌花池及树池围合绿化空间；在树池边增设青石整石休息座凳；清理现状杂乱的植物，保留长势较好的乔木，增补部分乔木及灌木。

南寨门文化空间：修缮南寨门周边环境、屯墙、屯墙休息平台，规模共计1211平方米，其中南寨门文化空间350平方米、码头文化空间309.6平方米、屯墙休息平台660平方米，修缮内容包括整修地幔、改造增设花池座凳、改造增设围墙栏杆、整修种植绿化植被等（图5-1-12、图5-1-13）。

实施前照片一（时间：2019年）　　　　　　　实施后照片一（时间：2020年）

实施前照片二（时间：2019年）　　　　　　　实施后照片二（时间：2020年）

图5-1-11　上寨古巷文化空间实施前后对比

实施前照片（时间：2019年）　　　　　　　实施后照片（时间：2021年）

图5-1-12　南寨门文化空间实施前后对比（一）

实施前照片（时间：2019年）　　　　　　　实施后照片（时间：2020年）

图5-1-13　南寨门文化空间实施前后对比（二）

（六）古码头文化空间保护修缮

修缮码头及其周边环境，规模220平方米，修缮内容包括整修地幔、改造增设花池座凳、改造增设围墙栏杆、整修种植绿化植被等。

拆除后期加建砖砌花池及树池，采用30厘米宽、40厘米高石砌花池及树池围合绿化空间；地面采用50～100厘米长、30～50厘米宽、8厘米厚青石板规格变化错缝铺设；清理现状杂乱的植物，保留长势较好的乔木，增补部分乔木及灌木。

（七）文化空间标识牌设置

文化空间认定后的结果进行阐释和传播，开展了文化空间标识牌的设置，包括中国传统村落标识牌、传统民居文化空间标识牌、古屯墙文化空间标识牌、古巷道文化空间标识牌、各类历史环境要素标识牌等40余套。通过标识牌的设立，帮助村民和外来访客在认识文化空间、理解文化空间、使用文化空间的过程中，持续加强文化自信意识。

四、镇山村传统村落保护发展示范村的活动引导

（一）文化空间活化利用培育"传统村落+艺术家工作站"联动模式

镇山村依山傍水的空间格局、三合院落、石头建筑、古屯墙、古石巷等独具特色，多年来吸引周边高校学生及画家到镇山写生，从2017年开始，镇山村的多处三合院民居建筑出现空巢趋势，也对常常到镇山村采风的艺术家们产生了较大吸引力，因此镇山村传统村落保护发展示范村建设项目将镇山艺术家村的培育作为重要的发展方向，主要做法是将空

图5-1-14 艺术家后入驻后的三合院民居建筑——班有光宅

巢中的三合院民居建筑及院落作为艺术家的创作、生活一体化空间活化利用，将入驻三合院的艺术家培养为镇山村新村民。经过几年的建设，目前，镇山村已经吸引艺术家20余户入驻镇山村成为新村民，通过开展三合院传统民居文化空间的认养活动，形成镇山艺术家集群，举办了"谭印象"活动展览、镇山国际影像周等知名活动。镇山村传统村落+艺术家工作站联动发展示范项目已成为镇山村独具魅力的特色发展名片。通过艺术家驻村，对传统民居文化空间的认定、阐释和利用，盘活闲置的传统民居院落，构建了镇山村"传统村落+艺术家工作站"联动发展模式（图5-1-14）。

（二）文化空间阐释促进生态博物馆标准化建设模式

1998年，国家文物局中国博物馆学会与挪威文博专家将镇山列为中挪文化合作的国际化项目，建设了花溪镇山村布依族生态博物馆，开展文化遗产收集整理、文化记忆采录存储、文化传承人培训奖励、文化活动资助奖励、传统工艺扶持开发、文化资讯编辑出版、组建文化传承工作队等[14]。2020年，镇山村积极申请"2020年省级重要博物馆文物征集修复和展览资金"支持，开展镇山村布依族生态博物馆标准化建设工作，包括展陈提升、氛围营造、标识标牌完善、数字化采集等，研究团队作为该项目的技术支持，将文化空间的阐释与生态博物馆标准化建设结合起来，逐步实现生态博物馆标准化建设推陈出新的影响和辐射带动效果，建立健全了生态博物馆资料信息中心数据库，其中，镇山村文化空间的认定识别结果很大程度上充实了生态博物馆资料信息中心的数据库，也为村落非物质文化遗产的保护提供可以寻访的文化空间载体。

（三）文化空间传播培育民族村寨共同缔造振兴模式

2019年以来，以认定、识别、阐释和传播村落文化空间为基础，在镇山村多次开展了美好环境与幸福生活共同缔造系列活动之"民族村寨文化空间千村寻"及志愿者工作营培训交流会，贵州省住房和城乡建设厅、贵州省文物局、贵阳市住建局、花溪区住建局、花溪区文旅局、石板镇人民政府、贵州山和少年研学教育有限公司等单位参加活动，镇山村村民、驻村艺术家、贵州大学设计师等志愿者参加了活动。通过活动使村民和访客深度理解文化空间保护传承的意义，帮助村民和访客找到文化线索，树立文化自信，有效推进了村民对本民族文化遗产保护传承的积极性、自信心和自觉意识。在保护文化空间本身的同时，激发村民和社会各界力量保护发展传统村落的潜力，具有重大的文化普及教育和文化传播的公益性意义。多措并施举办的"文化空间千村寻"公益活动，构建民族村寨型传统村落参与式文化遗产保护利用的创新模式镇山村，多次开展了"文化空间千村寻"活动，通过对民族村寨非物质文化遗产中的文化空间识别和认知，加强外界对镇山的传统村落认知。

第二节 镇山村文化空间识别成果应用于定向越野活动探索

一、村落文化空间定向越野概念与背景

（一）定向越野的定义

定向越野是一种借助地图、指北针或其他导航工具，在一个设定的范围内，通过途中的各种障碍，快速到达各个目标点位，并且完成各个点位任务，最后到达终点的运动。定向越野运动源于欧洲，是参与活动的人员借助越野地图、指北针，在最短时间打卡越野地图上设定的各目标点并最终到达终点为胜的一种新兴的户外运动方式，各点标需完成相应任务，对参与者的智力和体力要求较高。定向越野具有成本低、普适性等特点，参与活动只需要一张定向越野地图、一枚指北针即可参加，且参加者年龄跨度较大，不同年龄阶段、不同性别、不同体能素质的人均可参与。定向越野运动是一项健康智慧型项目，是智

力与体力并重的运动，不仅可以强健体魄，还能培养人独立思考，独立分析解决所遇到困难的能力及在体力与智力受到压力下做出迅速反应、果断决定的逻辑思维能力，同时还有助于建立社交网络，参与者的身体素质、心理素质和团队配合能力等都同时得到体现。同时还可提升参与者的意志力和面对困难和挑战不退缩的信心。目前，常见的定向越野的性质分为专业竞技型、团建拓展型、休闲娱乐型三类型[35]。

（二）村落文化空间定向越野的定义

基于定向越野的一般定义，对越野范围、主题、对象具体化，本研究对"村落文化空间定向越野"定义如下：一种基于村内文化空间识别结果，借助文化空间定向越野地图、指北针等导航辅助工具，在特定的村落范围内，通过途中的各种障碍和完成点标任务，快速到达村落中的各个文化空间，感受文化空间场所，了解各个文化空间所承载的文化表现形式的类型特征，最后到达终点的运动。

（三）镇山村民族特色村寨文化空间定向越野活动的需求背景分析

据调查，中国户外体育旅游市场规模每年以百分之二十至百分之四十的幅度在扩大，而定向越野也越来越受欢迎，以贵阳市为例，2012年，贵阳首届城市环保定向越野有25支队伍参赛；2017年5月20日贵阳市首届城市定向挑战赛有1000余名选手参加；除了普通群众和专业的运动员外，定向越野在公司、集团企业团建和高校教学训练中也越来越受欢迎。但是目前定向越野市场还存有较大的发展空间，同时面临着专业供给小、人群需求大的状况。以贵州省省会贵阳市为例，据调查，截至2022年，贵阳市仅有一家专营定向越野的公司（图5-2-1）。

图5-2-1 定向越野行业相关数据调查分析

企业团建市场需求巨大

据携程数据报告显示，我国的团建市场模已达千亿元级别，"团建季"周边需求增长124%

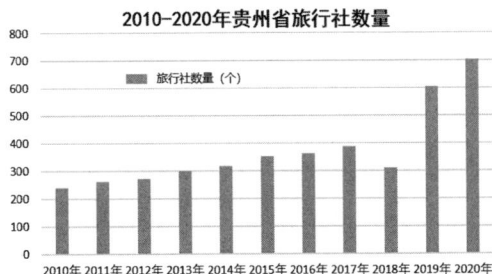

2010-2020年贵州省旅行社数量

旅游研学市场不断增长

"马蜂窝"统计数据表明，2021年"贵州研学一日游"的搜索热度上升35%

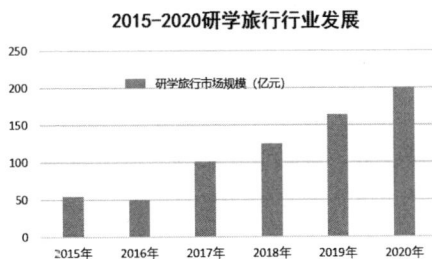

2015-2020研学旅行行业发展

图5-2-1　定向越野行业相关数据调查分析（续）

（四）镇山村民族特色村寨文化空间开展定向越野活动的优势分析

1. 政策优势

将定向越野与传统村落振兴融合发展，响应了国家的三农政策，实施乡村振兴战略是党的十九大提出的重大战略决策，传统村落文化传承的保护和发展日益受到国家的重视，其振兴发展是乡村振兴的重要组成部分。

2. 时代优势

（1）追求幸福的时代；

（2）崇尚自然，向往田园生活的时代；

（3）国民生活体系日渐完善的时代；

（4）社会经济发展高速发展的时代；

（5）信息时代。

3. 环境优势

（1）社会环境优势：传统村落敦厚朴实，人员组成结构简单不复杂，没有城市的车水马龙和喧嚣环境，为定向越野提供有利环境。

（2）自然环境优势：传统村落环境好，空气新鲜，受到现代社会的发展波及较少，原始纯真的自然环境对人体的心肺呼吸及心情都有益处。

（3）人文环境优势：传统村落有丰富的文化和自然资源，具有历史、文化、科学、艺术、经济、社会价值等价值，能给人们新的生活启迪和借鉴。

（五）镇山村民族特色村寨文化空间开展定向越野活动的价值性研究分析

符合如今国家振兴乡村的政策，通过定向越野与传统村落结合达到建设美丽乡村的目的，通过传统村落与定向越野的融合魅力，吸引众多游客慕名前来参观，促进了在传统村落里的吃喝住行，新增了就业岗位，提高了当地居民的收入水平。

实用性价值，解决参与者到达一个新地点不知从何地开始游览的现状。通过传统村落与定向越野有效融合，在越野地图上设置科学合理的点标打卡地点和路线，通过地图帮助参与者整体把握村落组成结构分布提供导向，避免部分村落文化地域被冷落或闲置的情况。同时为参与者带来更好的观赏体验和更高效的沉浸式游览，能较充分和全面地了解传统村落的文化景观，参与者在达到锻炼身体的同时还有效增加了对村落文化组成结构的了解，节省了参与者在时间和精力上消耗。

提高人民身体素质。兴趣是最好的老师，如今锻炼身体的方式方法层出不穷，但锻炼场地和方法大都相对固定和趣味性不强，锻炼场地除了田径场就是健身房，锻炼方式不是跑就是拉伸，很难吸引人们自觉主动锻炼的兴趣和欲望。而如果把传统村落和定向越野结合，很大程度上激发了人们的好奇感和新颖感，便会很积极主动地来参与到这项运动中。据相关研究表明，有兴趣去主动进行的运动锻炼对身体及心理的作用效果比平常心态进行的更安全、高效和持久[35]。

帮助减压，提高心理健康水平。参与者可以在定向越野中充分释放自我压力，在身心上得到充分解放，并且在定向越野的过程中会有智力任务，在活动中分散人们的注意力，对人的精神释放具有良好效果。

对参与者意志力的培养。参与者需要依靠地图和指北针耐心地寻找方向和路线，并且在对应点标完成对应的任务，若没有足够的意志力，那么在智力与体力同时消耗的情况下很难完成任务，同时也提升了人们在不同环境下的社会适应能力和应变能力。

带动产业链发展。如乡村旅游、地方特产、民宿经济、文化传承等，会产生一系列新兴产业的诞生。

二、镇山村民族特色村寨文化空间定向越野产业构想

参考Philip Kotler.John Bowen对产品分类[36]，根据产品性质将镇山村文化空间定向越野涉及的产品分为核心产品、配置产品、支持产品、扩展产品。

（一）镇山村文化空间定向越野核心产品

据对镇山村所在城市贵阳市的市场调研和分析，针对市场潜在的团建群体、研学群体、散客群体等不同目标人群，策划以企业团建型、学子研学型、散客体验型三种类型为主的镇山村民族村寨定向越野项目，同时提供学子研学支持、科研支持、团建活动策划等服务。镇山村民族村寨文化空间定向越野活动的基础流程包括基础培训（学习知识）+定向越野（趣味活动）+交流纪念（分享感受）+布依族特色活动（特色体验）。

具体策划如下：

1. 培训环节

专业定向越野课程的老师为参与者讲解镇山村的基本情况和定向越野的玩法规则，并且强调在参与过程中的安全事项、遇到突发情况时的处理办法等。

2. 越野环节

参与者可以自由选择参赛组别，分别有亲子组、情侣组、自由组、团队组、散客组别。要求参与活动的人员只能根据工作人员提供的地图和指北针寻找村内的各文化空间点标、找寻制定数量的传统建筑和身着布依族传统服饰的村民并完成重要文化空间内的文化活动体验任务，参赛人员每完成一项任务，需本人持手拿牌与之合照，发送至微信群积分，其活动细则如下：

①赛前准备：确认参赛人员，发放物资包、手拿牌等，建定向越野微信群，所有参赛人员加入群。

②积分规则：

a. 计分项1—寻找文化空间。根据地图信息寻找镇山村文化空间（18处），参赛人员每找到一处文化空间，扫码了解文化空间及其所承载的文化表现形式内涵，需本人持手拿牌与文化空间合照，发送至微信群，由记分员验证无误后计1分（每个文化空间1分，不重复计分）；

b. 计分项2—探索传统民居文化空间。找到传统建筑的石板瓦、木柱嵌石板墙、石砌山墙、竹夹泥墙、竹编墙、腰门、传统窗花、垂花柱（共8处），参赛人员持手拿牌和该建筑构件合照，发送至微信群，由记分员验证无误后计1分（每类建筑构件1分，不重复计分）。

c. 计分项3—发现民族服饰。在村寨内找到穿镇山村传统服饰的村民，参赛人员持手拿牌和该村民合照，发送至微信群，由记分员验证无误后计1分（上限5分）；

d. 计分项4—特殊加分卡片。在村寨内找到传统建筑修缮改造前后对比图，图后附有加分卡片，将加分卡片取下，游戏结束最后拿给计分人员积分（共10张卡片，卡片分值1～5分随机）；

e. 扣分项，迟到1分钟扣1分（没有上限）。

③奖励机制：团队参加的可设置多名参赛人员获得不同等级的奖品，按照规定活动时间内积分多少的依次排名；散客参加的可设定用时时长+积分多少计算，规定时间内积分达下限的可获取奖励。

经过一系列村落文化空间定向越野的活动，参与人员会有如下收获：增加对中国传统村落、民族特色村寨、生态博物馆和文化空间等的认识，促进民族村寨和传统村落非物质文化的保护传承，增进成员感情及团队凝聚力；通过专业老师的培训，理解非物质文化中的文化表现形式和文化空间的保护传承的意义；通过定向越野的趣味活动，组织参与者对镇山村的文化空间进行识别，了解每个文化空间所承载的文化表现形式，进而加深对非物质文化的整体认识。

3. 座谈交流

在定向越野终点处设置休息分享区域，参与者在这里可以互相分享个人感受。此外建立一条文化纪念走廊，参与者可以自行选择购买不同的挂牌写感言或姓名等，之后挂于走廊上作为纪念，该走廊将由工作人员进行维护。

（二）镇山村民族村寨文化空间定向越野配置产品

镇山村民族村寨文化空间定向越野配置产品包括产品LOGO、镇山村文化空间定向越野地图、物质包等。

1. 镇山村民族村寨文化空间定向越野LOGO（图5-2-2）

2. 镇山村民族村寨文化空间定向越野地图

结合镇山村的文化空间识别结果设计的镇山文化空间定向越野地图是

图5-2-2 镇山村文化空间定向越野LOGO

定向越野的基本工具，参与者依靠地图完成文化空间的目标打卡任务和解读学习文化内涵（图5-2-3、图5-2-4）。

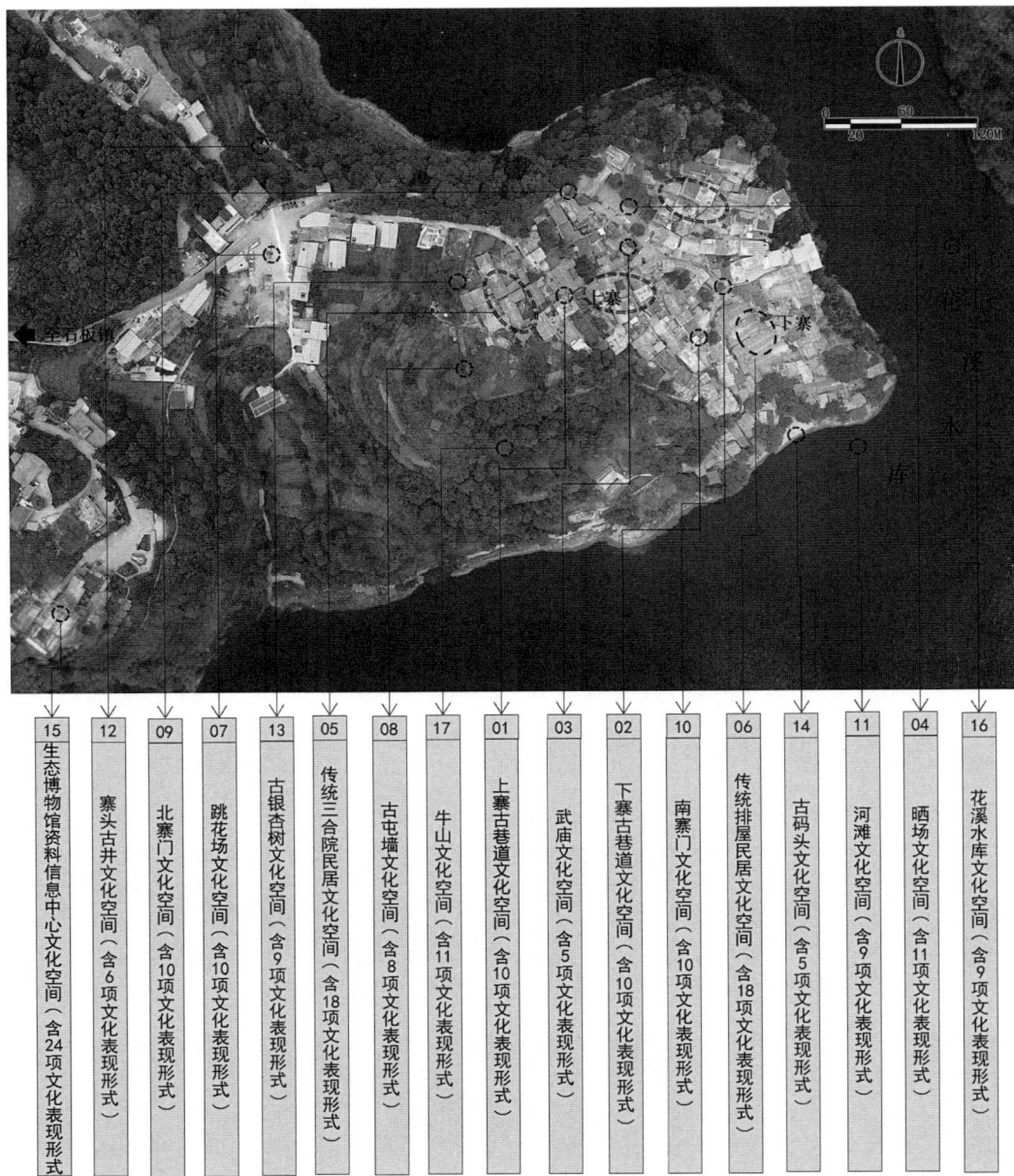

15	12	09	07	13	05	08	17	01	03	02	10	06	14	11	04	16
生态博物馆资料信息中心文化空间（含24项文化表现形式	寨头古井文化空间（含6项文化表现形式）	北寨门文化空间（含10项文化表现形式）	跳花场文化空间（含10项文化表现形式）	古银杏树文化空间（含9项文化表现形式）	传统三合院民居文化空间（含18项文化表现形式）	古屯墙文化空间（含8项文化表现形式）	牛山文化空间（含11项文化表现形式）	上寨古巷道文化空间（含10项文化表现形式）	武庙文化空间（含5项文化表现形式）	下寨古巷道文化空间（含10项文化表现形式）	南寨门文化空间（含10项文化表现形式）	传统排屋民居文化空间（含18项文化表现形式）	古码头文化空间（含5项文化表现形式）	河滩文化空间（含9项文化表现形式）	晒场文化空间（含11项文化表现形式）	花溪水库文化空间（含9项文化表现形式）

注：文化空间对应的文化表现形式详见地图B面

| 文化空间定向越野地图A面 | 贵州省贵阳市花溪区石板镇镇山村 | 2022/06采集 |

图5-2-3　镇山村文化空间定向越野地图A面

文化空间名称及对应文化表现形式代码

01上寨古巷道文化空间 B2 B4 C1 C3 D5 E1 E2 E3 E6 E7	02下寨古巷道文化空间 B2 B4 C1 C3 D5 E1 E2 E3 E6 E7	03武庙文化空间 B2 C3 E3 E6 E7	04晒场文化空间 A1 A2 B1 B2 B4 C1 C4 D1 D4 D6 E3	05传统三合院民居文化空间 A1 A2 C1 C2 C3 D1 D2 D3 D4 D5 D6 D7 E1 E2 E3 E4 E6 E7

06传统排屋民居文化空间 A1 A2 B4 C1 C2 C3 D1 D2 D3 D4 D5 D7 E1 E2 E3 E4 E6 E7	07跳花场文化空间 A1 B1 B3 B4 C1 C4 D1 D4 D6 E3	08古屯墙文化空间 B1 B2 C1 C3 D6 E1 E4 E6	09北寨门文化空间 A1 B2 B4 C1 C3 D1 E1 E3 E5 E6	10南寨门文化空间 A1 B2 B4 C1 C3 D1 E1 E3 E5 E6	11河滩文化空间 A1 B2 C1 C2 C4 D1 D4 D6 E3

12寨头古井文化空间 A1 A2 C1 C2 D7 E3	13古银杏树文化空间 A1 A2 B2 C3 D4 E1 D6 E3 E6	14古码头文化空间 A1 A2 B2 D6 E3	15生态博物馆资料信息中 心文化空间 A1 A2 B1 B2 B3 B4 C1 C2 C3 C4 D1 D2 D3 D4 D5 D6 D7 E1 E2 E3 E4 E5 E6 E7	16花溪水库文化 空间 A1 B2 B3 B4 C1 C2 C4 D1 D4 D6	17牛山文化空间 A1 B2 B5 C1 C2 D1 D4 D6 D7 E2 E3

文化表现形式一览

A1布依族服饰	A2布依族刺绣	B1花溪大寨地戏	B2布依族"六月六"	B3花溪区苗族跳场	B4苗族"四月八"
C1花溪区布依族叙事歌	C2印染技艺	C3石雕技艺	C4花溪芦笙花鼓舞	D1花溪区布依族古歌	D2花溪区布依族丧葬习俗
D3花溪地区布依族竹编工艺	D4花溪区布依族头饰	D5花溪区苗族、布依族唢呐音乐	D6花溪木叶吹奏	D7乌米饭制作技艺	E1石板建筑建造技艺
E2布依族传统婚俗	E3布依语文化	E4班李氏族谱文化	E5赶圩文化	E6军屯文化	E7木雕技艺

文化空间定向越野地图B面	贵州省贵阳市花溪区石板镇镇山村	2022/06采集

图5-2-4 镇山村文化空间定向越野地图B面

3. 镇山村民族村寨文化空间定向越野物资包

镇山村民族村寨文化空间物资包由一个印制镇山LOGO的帆布袋、手拿牌、一瓶矿泉水、一份定向越野地图、一枚指北针所组成。这是定向越野活动的重要配置产品，也是策划经营团队主要的实体售卖产品，更是每个参与者都可带走的特色文创纪念品。物质包平均成本低，售卖难度系数低，其产品的售卖盈利是乡村运用团队基本的盈利来源之一（图5-2-5）。

定制物资袋　　　　　　瓶装水

越野地图　　　　　　指南针

图5-2-5　镇山村文化空间定向越野物资包

（三）镇山村民族村寨文化空间定向越野支持产品

为增加文化空间定向越野在镇山村的可实施性、趣味性、影响力等，策划挖掘并整合村内资料，形成集镇山博物馆资料信息中心展陈参观、重要节点创意打卡、代表性文化表现形式体验、村落集散接待服务、布依族特色餐饮、精品民宿住宿等在内的支持产品。依托政府部门的建设计划，升级镇山博物馆资料信息中心展陈和村内导向体系（图5-2-6）；结合传统三合院民居文化空间、传统排屋民居文化空间等文化空间的代表性传统民居文化空间内设置布依族服饰、布依族刺绣、乌米饭制作技艺、印染技艺、花溪区布依族头饰等

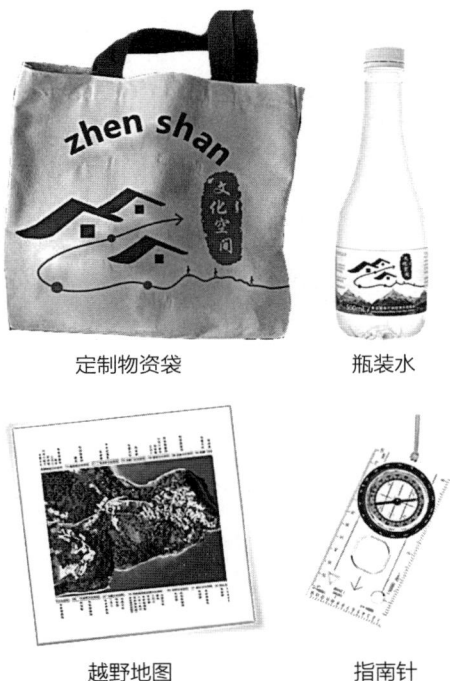

图5-2-6　镇山博物馆资料信息中心展厅

图5-2-7 布依族服饰沉浸式体验场景意向

文化空间的沉浸式体验活动（图5-2-7）；利用现状场地改造镇山文化空间定向越野村落集散接待服务点，集越野后勤、游客服务、会议服务、节点打卡等功能于一体的运营服务中心；调动村民参与，争取进村艺术家支持，整合村内既有的餐饮服务、民宿等设施支持文化空间定向越野的需求，比如将村内村民自制特色农家菜作为文化定向越野配套餐食等。

（四）文化空间定向越野扩展产品

建立镇山村主题微信公众号，线上线下同步展示镇山村文化遗产、美景、美食、地方特产和艺术家作品等。此外，构建镇山村序列特色产品品牌，将传统手工艺作品、特色农产品、文创作品等纳入镇山村序列品牌，线上线下同步销售。

镇山村文化空间定向越野产业的运用发展模式尝试采取团队引导+村民为主+社会参与的模式。寻求专业的乡村旅游运营团队进驻镇山村；充分发挥村民在其中的核心作用，鼓励村民将闲置民居、传统技艺、传统艺术等投入到项目运营中，实现文化遗产的活态保护与传承；镇山村是贵州含贵州大学在内多所高校校地共融的实践基地，且截至2022年8月已有22位艺术家镇山村入驻镇山村，上述的这些高校和个人，或从不同的领域视角对镇山村有深入的研究，或是对镇山村发展有独特的见解，比如镇山村一度破败和荒废的老屋在艺术家们的手里焕发新的光芒，展现独特的魅力。因此，争取既有的研究成果的转化运用，寻求各方智慧和物资的支持，是在镇山村的文化空间定向越野产业的发展中必不可少的一步（图5-2-8）。

图5-2-8　镇山村文化空间定向越野策划类型

三、文化空间定向越野产业实践效果

2022年，贵州大学建筑与城市规划学院学生以镇山村文化空间定向越野产业探索成果为素材，创作创新创业竞赛作品《贵阳市镇山村布依族生态博物馆文化空间活化利用》，该作品先后在参加第十三届"挑战杯"中国大学生创业计划竞赛、第八届贵州大学"互联网+"大学生创新创业大赛、"村有界创无边"第四届"农行杯"贵州省乡村旅游创客大赛、第四届中国—东盟留学生创新创业大赛等多项比赛，并先后获得第十三届"挑战杯"中国大学生创业计划竞赛贵州省省赛三等奖、第八届贵州大学"互联网+"大学生创新创业大赛贵州大学校赛银奖，参赛团队制作的主题视频片段被贵州共青团在挑战杯宣传视频制作录用。

参赛作品以中国众多的传统聚落在特色保护、文化传承、产业发展等方面的现实问题为导向，重点以镇山村为代表的乡村生态博物馆及其村落文化空间为载体，探索出"体育+经济产业"和"体育+文化传承"的发展模式，推动文化产业发展、拓展产品促销途径，促进传统村落的可持续发展，探索在乡村振兴背景下如何活化利用闲置资产、推广生态博物馆发展理念、促进当地经济良性循环。项目从文化挖掘、产品打造、共同运营、多维营销、持续建设五个方面构建创业计划体系，核心内容包括挖掘文化底蕴、识别文化空间、设计点位线路、风情体验活动、线上线下营销、合纵连横推广等（图5-2-9、图5-2-10）。

图5-2-9 创新创业作品学生作品节选一（来源：第十三届"挑战杯"中国大学生创业计划竞赛作品）

图5-2-10 创新创业作品学生作品节选二（来源：第十三届"挑战杯"中国大学生创业计划竞赛作品）

第六章

结语

镇山村布依族村寨文化空间的识别及其结果应用，印证了团队对于文化空间识别的前期研究假设，针对民族村寨文化空间识别的瓶颈问题，研究致力于从定性走向定量的研究路径，通过"构建民族村寨文化空间识别与保护理论方法体系——研发民族村寨文化空间精准识别与解析技术——创建民族村寨文化空间识别导向的规划编制适应性技术模式"，搭建西南民族村寨文化空间识别与应用技术体系，从而推进西南民族村寨文化空间识别理念的形成、识别技术的发展和识别结果的保护利用。以加快发挥实效让文化空间保护成为西南民族村寨优秀传统文化遗产的重要守护者，以保持鲜活、持续的村寨文化遗产资源，助推贵州"乡村振兴"和"脱贫攻坚"，推动实现山地民族地区乡村高质量发展。识别后的文化空间结果可以甄别不同村落之间的文化特色，能够避免"千村一面"，促进村寨旅游产业的差异化发展。结果表明，有序的技术识别对于民族特色村寨文化空间的价值判定、内涵挖掘、特征解析，具有明显的促进作用[37]，文化空间识别成果在镇山村传统村落保护发展、民族村寨活化利用、生态博物馆标准化建设、村落文化空间定向越野产业培育等方面均有实例支撑。

我国布依族人口聚落绝大部分分布在贵州省，镇山村只是广泛分布的布依族特色村寨之一，该村寨的历史渊源可追溯到明朝的调北征南历史事件，是一个印证屯堡文化历史和民族融合的村落，布依族和汉族文化的交融现象集中体现在传统民居文化空间、屯墙文化空间、武庙文化空间等。清朝晚期，镇山村的布依族村民遭遇土匪攻击，危急时刻得到了附近村寨苗族同胞的救助得以脱险，镇山村村民感激苗族同胞的帮助，将本村用地提供给苗族同胞开展"跳花场"活动，形成了"跳花场"文化空间，该文化空间见证了多民族团结生活的历史演进过程，与此同时，苗绣等文化表现形式，也在传统民居、传统街巷等文化空间里传承发展。

总之，布依族民族村寨蕴含了丰富的非物质文化遗产，对镇山村布依族文化空间的识别与解析不应只停留于表面，文化表现形式离不开文化空间这一重要的载体，对文化空间的保护将直接促进民族村寨文化的整体保护和活化利用。

附录

艺术家寄语一

记得第一次到镇山是为了摄影创作，20世纪90年代的镇山村民风淳朴，石板房、石头墙、房前屋后摆放着各种石头做的用具，石磨、石擂钵、石水缸和石猪槽等石头用具到处都是。用黑白胶片拍出来非常特别，在光影下构成味十足，极具魅力。后来也常去，除了创作大都是吃一顿农家饭，顺便一日游。

直到2016年的初夏再次来到镇山，想给女儿写作文找素材，我提议往上寨走，这一片布依族建筑保留完整。刚沿着石阶向上走二十来米，便看见右侧有一大门虚掩着，推门进去竟然是一个三合院，是布依族典型民居建筑。由于常年无人居住，院里石板间的杂草把地上的石板用绿色勾了一道边。全木结构的房子虽有些破旧，但看着还是精神抖擞，木雕的窗子让老屋越显精致，屋子的门锁着，我们一家人坐在院子的石坎上小憩。望着周边的建筑，突然冒出想把它租下来的冲动，于是便去打听了租期和大概租金，当天就决定在镇山"安家"。

改造这样的老房子对我来说是极具挑战的任务。适当改善采光，尽量保持原有建筑风格，让房子既有历史的沧桑，也具备现代居住舒适，期间正好有贵州大学建筑与城市规划学院的专家学者在镇山村进行保护修缮的技术指导，在他们的帮助下，最终完成院子和房屋的改造工作。

俗话说一枝独秀不是春，百花齐放春满园，一边改造自己租下的房子，一边不断邀请身边的艺术家朋友加入，几年时间，镇山上寨的老房子便被十多个艺术家和相关人士认养，艺术家人群涵盖摄影、绘画、雕塑、音乐、设计、工艺美术等，形成了一群数量不定，大致有相同话题、生活方式、工作甚至思维习惯聚集在一起。现在到访镇山村的人都喜欢到艺术家的院子走一走，坐一坐，欣赏艺术家的作品，有机会和艺术近距离接触，了解艺术家的生活和创作，成为镇山文化的新亮点。

2022年我们成功组织举办了第一届镇山国际影像周，来自国内外知名摄影家、纪录片导演齐聚镇山，800余幅摄影作品在院落、城墙、小巷展出，组织纪录片放映、艺术研讨会十余场。如今镇山艺术村已引起社会各界的关注，镇山村艺术家们和当地村民共建绿色环保、民族艺术和现代艺术相融合，梦想正在实现中。

杨安迪

2023年2月

艺术家寄语二

镇山村从普通村庄转变为艺术村，这个过程不仅体现了艺术和文化对于社区和村庄的重要性，也启示我应该如何以更好的方式生活和工作。

镇山村的这个变化从侧面证明了艺术和文化对于一个社区和村庄的重要性。艺术家们的入驻不仅注入了新的创意和活力，也促进了当地文化的传承和发展。艺术家们的作品让整个村庄重新焕发了生命力，吸引了更多游客前来参观和旅游，增加了当地的经济收益。这个过程也让我意识到，艺术和文化对于社区和村庄的影响远远不止于此，它们还能够唤醒人们对于生活的热情和创造力。

这个转变过程中，镇山村的文化价值得到了新的发掘和展现。艺术家们带来了他们的文化艺术精髓，让整个村庄重新找到了它的传统文化价值。村民们也更加珍惜和保护这些传统文化，并与艺术家们互相交流，加深了他们的文化认知和认同感。

镇山村的这个转变过程让我意识到，每个人都是自己人生的艺术家。有时候，我们可能会陷入忙碌的工作和生活中，忘记了自己内心真正的渴望。通过创作和生活方式，每个人都应该尽可能地发掘自己的创造力和艺术潜力，在日常生活中寻找快乐和灵感。这样，我们才能够成为真正的艺术家，创造更加美好的人生和社会。

正如柏拉图所说，"艺术不仅仅是一种文化形式，也是人类精神的高度表达。"镇山村的变化就是艺术表达的一个优美例证。它向我们呈现出了一幅美丽的画卷，展示了人类文化的瑰宝和无穷魅力。

谷佳骏

2023年2月

参考文献

［1］姚俊一. 少数民族特色村寨保护与发展政策研究——以来凤县舍米湖村为例［D］. 武汉：中南民族大学，2012.2.

［2］余压芳，庞梦来. 我国传统村落文化空间研究综述［J］. 贵州民族研究，2019，40（12）：81-85.

［3］覃巧华. 广东连南瑶族村落文化景观解析与利用研究［D］. 广州：华南理工大学，2017.

［4］李亚妮. 实施国家文化战略发展民俗学学科［N］. 中国社会科学报，2017-02-14.

［5］胡燕，陈晟，曹玮，曹昌智. 传统村落的概念和文化内涵［J］. 城市发展研究，2014.（1）：32-36.

［6］余压芳. 基于文化空间整合的城市历史地段规划方法初探——以贵州盘县馆驿坡历史街区保护更新规划为例［A］. 中国科学技术协会、贵州省人民政府. 第十五届中国科协年会第25分会场：产城互动与规划统筹研讨会论文集［C］. 中国科学技术协会、贵州省人民政府：中国科学技术协会学会学术部，2013：6.

［7］余压芳，刘建浩. 论西南少数民族村寨中的"文化空间"［J］. 贵州民族研究，2011，32（02）：32-35.

［8］路璐，朱志平. 历史、景观与主体：乡村振兴视域下的乡村文化空间建构［J］. 南京社会科学，2018（11）115-122.

［9］余压芳，赵玉奇，曾增，王艳. 西南民族特色村寨文化空间识别技术与应用［M］. 北京：中国建筑工业出版社，2020.

［10］吴茜婷. 贵州省安顺市云山屯"文化空间"变迁与影响因子相关性研究［D］. 贵阳：贵州大学，2016.

［11］方媛，但文红. 岜扒苗寨的文化空间研究［J］. 凯里学院学报，2017，35（1）：23-27.

［12］兴义（地级自治州首府）_百度百科［DB/OL］. https://baike.baidu.com/item/%E5%85%B4%E4%B9%89/1340593，2019-09-12.

［13］多彩贵州网. 布依族八音坐唱传承人——吴天玉［EB/OL］. http://minzunet.cn/eportal/ui?pageId=663068&articleKey=756965&columnId=682447，2019-07-31.

［14］镇山村_百度百科［DB/OL］. https://baike.baidu.com/item/%E8%8A%B1%E6%BA%AA%E9%95%87%E5%B1%B1%E6%9D%91/16689655，2019-10-14.

［15］贵州省城乡规划设计研究院. 贵阳市花溪区石板镇镇山村历史文化名村保护规划［DB/OL］. https://www.docin.com/p-202603912.html，2010-12-15.

［16］黎玉洁，何璘，吴迪．贵州布依族村寨空间形态解析——以花溪镇山村为例［J］．贵州民族研究，2017，38（06）：83-86.

［17］李晓晖，李新建．贵州镇山村石板民居屋面营造技艺——以班氏民居为例［J］．建筑与文化，2019（06）：227-228.

［18］中华人民共和国住房和城乡建设部．历史文化名城保护规划标准GB/T50357-2018［S］．北京：中国建筑工业出版社，2019.

［19］余压芳．景观视野下的西南传统乡土聚落保护——生态博物馆的探索［M］．上海：同济大学出版社，2012.

［20］贵州省人民政府．省人民政府关于公布第三批省级历史文化名镇和第一批省级历史文化名村名单的通知［EB/OL］．https://www.guizhou.gov.cn/zwgk/zcfg/szfwj/qff/201709/t20170925_70476968.html，2009-12-13.

［21］中华人民共和国住房和城乡建设部 文化部 财政部．住房城乡建设部、文化部、财政部关于加强传统村落保护发展工作的指导意见［EB/OL］．http://www.mohurd.gov.cn/zcfg/jsbwj_0/jsbwjczghyjs/201212/t20121219_212337.html，2012-12-12.

［22］中华人民共和国国家民族事务委员会．国家民委关于命名第二批中国少数民族特色村寨的通知［EB/OL］．https://www.neac.gov.cn/seac/xxgk/201703/1072709.shtml，2017-03-24.

［23］中华人民共和国住房和城乡建设部 国家文物局．住房和城乡建设部、国家文物局关于公布第七批中国历史文化名镇名村的通知［EB/OL］．http://www.gov.cn/zhengce/zhengceku/2019-09/27/content_5434160.htm，2019-1-21.

［24］刘霞．贵阳市花溪区布依族服饰述略［J］．商情，2017（28）：277.

［25］杨小平．"非遗"成为旅游文化新亮点——以贵阳花溪为例［J］．旅游纵览（下半月），2013（10）：88-91.

［26］黔中平坝．傩戏中的贵州．［DB/OL］．多彩贵州网．http://www.gzzxb.org.cn/doc/detail/2609/A4，2019-08-28.

［27］夏勇．贵州布依族传统聚落与建筑研究——以开阳马头寨、兴义南龙古寨和花溪镇山村为例［D］．重庆：重庆大学，2013.

［28］汛河．略论布依族叙事诗《王仙姑》［J］．贵州民族研究，1985（1）：122-126.

［29］刘方．"嘭弹哒吟"与布依文化［J］．贵州师范大学学报（社会科学版），2013（1）：93-97.

［30］唢呐艺术——百度百科网址．［DB/OL］．https://baike.baidu.com/item/%E5%94%A2%E5%91%90%E8%89%BA%E6%9C%AF?fromModule=lemma_search-box，2022-07-16.

［31］布依戏——百度百科［DB/OL］. https://baike. baidu.com/item/%E5%B8%83%E4%B
E%9D%E6%88%8F?fromModule=lemma_search-box，2019-10-14.

［32］朱德康. 布依语语言资源的保护、开发与利用［J］. 贵阳学院学报（社会科学版），
2019，14（05）：95-97.

［33］崔慧彬. 文化空间视域下传统村落非物质文化遗产保护研究［D］. 南宁：广西师范
大学，2019.

［34］赵玉奇，余压芳等. 2018年贵州省中国传统村落保护发展示范村项目验收评估总报
告［C］. 贵州省住房和城乡建设厅. 2022.07：1-15.

［35］定向越野——百度百科网址［DB/OL］. https://baike. baidu.com/item/%E5%AE%
9A%E5%90%91%E8%B6%8A%E9%87%8E/1528692?fromModule=lemma-qiyi_sense-
lemma，2022-08.

［36］KotlerP. Marketing for hospitality and Tourism［M］. New Jersey：Prentice Hall，1985.

［37］赵玉奇，余压芳. 西南民族村寨文化空间识别技术体系研究［J］. 贵州民族研究，
2022，（5）：136-140.

后记

合卷听雨，彻夜难眠！贵州，山灵水秀，文化多元，绚丽多彩。在喀斯特山地环境与多民族文化碰撞的烟火里，调和出万千各具特色的民族村寨。而这片远古而神秘的大地上，镇山布依族村寨的文化空间却遭受着城市化和工业化发展的挑战。地方社会经济发展与文化遗产传承保护间的矛盾时时让"生于斯，长于斯"的本土学者不知所措、辗转难眠！

本书的内容是本研究团队积累多年的心血，十多年来，奔走于西南山区，遇见文化空间，追寻文化空间，品鉴文化空间，识别文化空间。在近百个村寨的文化空间识别历程中，一路走来，参与基础调研的人员也很多，有执着的研究生、有懵懂的本科生、有年轻的规划师、有偶遇的志愿者，团队成员风雨无阻、跋山涉水调研数据，开展研究，深深浅浅的脚印印在了镇山村的石阶石径上，高高低低的身影定格在镇山村的石街石巷中。

本书的撰写过程中，胡朝相、杨安迪等专家提供了宝贵的图片资料，研究生王艳、邓磊、申万锋、王功楷、鲍丹丹、陈宇露、王希、杨乐、姚伦娜、杨泽媛等协助整理书稿基础资料，给予了大力支持，在此表示诚挚的感谢！

最后还要特别感谢给本书研究提供调研线索和基础资料的村民朋友和基层工作者！感谢曾经为本书研究思路提供导向和启发的专家和朋友们！

每一座大山背后，都有一场人间烟火。村寨的情缘，与成长相伴，与情意相随；这场远行，因责任而出发，因出发而深入，因深入而热爱，因热爱而无法停歇！大美山野，我意难平！

赵玉奇

2022年6月 于贵阳